# 동물철학

아리스토텔레스에서 피터 싱어까지

# 동물철학

아리스토텔레스에서 피터 싱어까지

인쇄 1쇄 인쇄 2021년 6월 20일
발행 1쇄 발행 2021년 6월 25일

지은이 | 한스 베르너 인겐시프, 하이케 바란츠케
옮긴이 | 김재철
그린이 | 김영민
펴낸이 | 김태화
펴낸곳 | 파라아카데미 (파라북스)
기획편집 | 전지영
디자인 | 김현제

등록번호 | 제313-2004-000003호
등록일자 | 2004년 1월 7일
주소 | 서울특별시 마포구 와우산로29가길 83 (서교동)
전화 | 02) 322-5353 팩스 | 070) 4103-5353

ISBN 979-11-88509-45-4 (93190)

* 값은 표지 뒷면에 있습니다.
* 파라아카데미는 파라북스의 학술 전문 브랜드입니다.

# 동물철학

## 아리스토텔레스에서 피터 싱어까지

한스 베르너 인겐시프, 하이케 바란츠케 지음 | 김재철 옮김

파라아카데미

**해제**

　'동물Das Tier'이라는 제목으로 출판된 이 책은 독일의 레클람Reclam 출판사의 유명한 소책자 시리즈 중의 하나로, 독일 뒤스부르크-에센 대학교에서 철학 및 과학사를 가르치고 있는 한스 베르너 인겐시프Hans Werner Ingensiep 교수와 본 대학교 신학부의 연구원으로 재직하는 여성 윤리학자 하이케 바란츠케Heike Baranzke가 공동으로 집필했다. '동물'이란 짧은 제목을 대면하면서 독자는 책이 의도하고 있듯이 그동안 자신이 알고 있는 동물에 대해 생각해보며 동물이란 무엇인가에 대해 스스로 다시금 묻게 된다.

　사실상 오늘날 우리는 동물들에 대해 많은 것을 알고 있다. 일상 속에서 다양한 동물들과 접촉하고 있을 뿐만 아니라 매체 및 관련분야의 연구자를 통해서 여러 종류의 동물에 대한 정보와 지식을 얻고 있다. 그러나 이 책에서는 일상적이고 경험적인 동물에 대한 지식을 넘어 "동물이란 '무엇'인가?"라는 물음에서 동물의 무엇임, 즉 동물을 동물로 규정하는 '본질'에 대해 철학적으로 사유하고자 한다. 이러한 관점에서 번역서의 제목을 '동물철학'으로 정했다.

이 책 전체는 크게 두 부분으로 구성되어 있다.

**첫 번째 부분**(1장)은 서양 철학 전체에서 드러나는 다양한 동물에 대한 이해를 고대에서 현대에 이르기까지 생명철학 및 자연철학의 관점에서 기술하고, 거기에서 각인되고 있는 동물에 대한 본질적 규정과 개념들을 설명하는 '동물철학의 역사'라고 할 수 있다. 철학사 속에서 파악된 동물에 대한 규정은 네 가지, 즉 ① 감각적 존재로서의 동물, ② 본능적 존재로서의 동물, ③ 자동기계로서의 동물, ④ 주체로서의 동물로 분류된다. 이 규정들은 한 시대에 국한되기보다는 철학사적 맥락에서 다양한 입장과 관점들과 연결된다.

**두 번째 부분**(2~3장, 에필로그)은 인간의 본질에 대한 논의, 특히 칸트의 철학에 기조하여 재구성된 '철학적 동물학'이라고 부를 수 있다. 이에 대한 논의는 "인간이란 무엇인가?"라는 근본적인 물음에 답하기 위해 칸트가 제기한 세 가지 물음들을 동물의 본질에 대한 물음과 연결시켜 "인간은 무엇을 알 수 있는가?"라는 인식론적 물음을 "나는 동물에 대해 무엇을 알 수 있는가?"라는 물음으로, "인간은 마땅히 어떻게 행동해야 하는가?"라는 윤리적 물음을 "나는 동물을 배려하여 무엇을 해야 하는가?"라는 물음으로, "인간은 무엇을 희망해도 좋은가?"라는 종교적 물음을 "동물은 무엇을 희망해도 좋은가?"라는 물음으로 재구성한 방식으로 전개된다.

**첫 번째 부분**(1장)에서 소개되고 있는 동물철학의 역사와 이로부터 제시되는 동물에 대한 근본적인 규정을 요약하면 다음과 같다.

철학적으로 규정하기 전에 동물은 오늘날과 마찬가지로 통상적으로 식물과의 차이를 통해 설명되었다. 식물은 땅에 고착되어 독립영양을 하는 반면, 동물은 먹이를 찾는 운동을 통해 종속영양을 하며 환경에 대한 외적 지각과 욕구에 대한 내적 지각을 갖는다. 이러한 동물의 생물학적 규정을 가장 먼저 철학적 논의를 통해 규명한 것은, 최초의 생명철학 및 유기체 이론이자 현대에 이르기까지 영향력을 미치고 있는 아리스토텔레스의 영혼론이다.

이에 따르면 영혼은 장소운동, 지각작용 등을 포함하는 생명운동에 따라 세 층위의 형식, 즉 식물영혼, 동물영혼, 인간영혼으로 구별된다. 여기에서 동물은 개체발생적인 내적 목적론에 따라 수평적으로 자신의 완성(태)을 향해 있는 동시에, 외적 목적론에 따라 수직적으로 상하의 서열에서 중간 위치(식물과 인간의 중간)를 차지한다. 이에 따라 비유기체는 유기체를 위해, 유기체에서 하위의 식물은 상위의 유기체인 동물을 위해, 식물과 동물은 최고 상위에 있는 인간을 위해 존재한다. 이처럼 목적론적으로 규정되는 영혼의 서열은 중세의 종교적 입장에서도 정당화되며, 근대 자연영역의 서열에 대한 논의에서 모든 생명체를 순차적으로 세분화하여 배치하는 '자연의 스칼라'로 이어진다. 이러한 정태적 서열은 다윈의 역동적 진화론에 의해 약화되기는 했으나, 여전히 동물은 정신적 존재인 인간과의 유사성과 차이성을 통해 논의되었다.

현대에 들어서서 이러한 인간중심적 관점의 동물에 대한 해석, 즉 의인관적 해석은 강한 비판에 직면한다. 이와 연관하여 동물의 지각능력에 대한 새로운 평가를 동반한 행동주의적 연구와 함께 이를 반영한 현대의 철학적 인간학, 자연철학, 언어분석철학이 전개되고 있다. 특히 인간중심주의 및 종족주의에 대한 강한 비판과 함께 동물권의 확보를 위한 동물보호 및 동물해방을 위한 동물윤리적 담론이 현대철학에서 부각되고 있다. 이와 같은 철학사의 맥락에서 드러난 동물에 대한 네 가지 규정을 정리하면 다음과 같다.

① 감각적 존재로서의 동물. 이 규정은 영혼론에 기초한 아리스토텔레스의 동물학에서 가장 먼저 등장한 것이면서도 오늘날까지 일상에서는 물론 이론적 영역에서도 강력한 영향력을 미치고 있다. 동물에게 감각은 공간운동을 통해 먹이사냥을 가능하게 하는 근본적인 요소이다. 감각에는 외적 지각과 함께 쾌와 고통을 가지는 내적 지각이 포함된다. 그러나 동물의 감각능력은 대상에 대한 표상능력, 시간의 느낌을 통한 기억력을 가능하게 하지만, 인간처럼 개념을 형성하거나 추론 및 이론을 정립하는 능력은 아니다.

그러나 근대 경험론은 인간의 개념적 인식은 본유적인 것이 아니라 근본적으로 감각에 의존하고 있다고 주장함으로써 동물의 위상을 높이는 계기가 되었다. 이에 따르면 인간과 동물은 본질적으로 구별되지 않고 감각적인 단계의 차이를 가질 뿐이다. 이러한 주장은 현대에서 연상심리학 및 동물 학습이론을 통해 증명되고, 동물 역시 개념적 사고와 추론적 능력을 가질 수 있다는 주장으로까지 발전했다. 나아가 형태학적으로 유

사한 감각기관을 가진 유원인이 인간 공동체의 일원이 될 수 있다는 과
감한 생각으로 연결되며, 동물을 의인화하지 않고 외적 행동에 대한 경
험적 연구만을 강조하는 행동주의와 결합되기에 이른다.

② 본능적 존재로서의 동물. 이에 대한 논의는 20세기에 본격적으로
등장했다. 그러나 본능 개념은 일찍이 자연의 섭리라는 목적론에 따라
모든 경험 이전에 자기보존 및 번식을 위해 자연적 경향으로서 이미 주
어져 있다고 보는 고대 스토아철학의 오이케이오시스 이론에서 유래했
다. 이 이론은 스콜라철학에서 창조적 목적론으로 변형되었으나 근대에
와서 외적 자극 및 학습으로는 설명할 수 없는 동물의 본유적 행동을 일
컫는 '자연충동'이란 표현을 통해 계승되었다. 특히 사무엘 라이마루스
1694~1768는 새의 어미가 등지를 만들고 새끼를 보호하는 행동을 '예술충
동'이라고 불렀다. 이후 다윈은 본능을 목적론적 해석을 벗어나 동물의
적자생존 능력으로 해석하면서 콘라트 로렌츠1903~1989의 행동연구로
이어졌다.

본능 개념에 대한 목적론적 해석과 행동주의적 해석의 대립은 현대 인
간학에도 그대로 반영되었다. 아놀드 겔렌1904~1976은 지능과 본능을 통
해 인간과 동물을 구별 짓는 것에 반대하여 인간 또한 본능축소[1]의 특징
을 가진 것으로 여긴다. 특히 현대 사회생물학에서는 호르몬과 유전자의
관점에서 본능을 진화론적으로 안정된 행동전략을 취하는 이기주의적

---

1  인간도 본능을 가지고 있으며 다양한 본능이 축소되어 극히 부분적으로만 남아있다고 여긴다.

관점에서 보면서 목적론을 전제하는 종개념을 비판한다. 이러한 논의는 현대 생명철학에서 선천적 또는 의식적 목적과 다른 '목적법칙Teleonom'이라는 중간적 개념을 등장시켰다.

③ 자동기계로서의 동물. 이 규정은 대표적으로 데카르트의 심신이론 및 생명이론에서 출발한다. 그의 이론에서 동물은 생명을 가진 자동기계로 여겨진다. 이때 자동기계는 인간이 만든 인위적인 기계가 아니라 생명을 가진 자연적 기계를 말한다. 예를 들어 혈액을 순환시키는 동물의 심장과 수액을 조달하는 식물의 줄기는 자연법칙에 따르는 자동기계로 여겨진다. 유기체를 기계로 보는 관점은 19세기 말 화학과 물리학이 발전하면서 더욱 강화되고, 현대의 뇌 과학으로 연결된다.

기계론적 동물이해는 동물의 고통을 인정하지 않는다는 점에서 생체실험을 허용할 뿐만 아니라 인간의 동물사용에 대한 권리를 정당하게 여긴다. 이러한 입장은 자기의식이 없는 비윤리적 존재에 대해 인간의 직접적 의무가 없다는 윤리적 논의(토마지우스1655~1728와 칸트1724~1804)로 발전했으며, 이에 대해 현대 동물윤리학자들 및 분석철학자들은 그러한 입장 속에 전통적인 의인관이 담겨 있음을 지적하고, 인간과 동일한 이익 관심과 생명의 지속성에 대한 기대의 관점에서 동물의 쾌와 고통을 인정해야 한다는 주장을 전개한다.

④ 주체로서의 동물. 이에 대한 논의는 전통적으로 인식활동의 중심으로 여겨지는 주체 개념을 동물에게 적용한 야콥 폰 윅스퀼1864~1944로

부터 출발했다. 그는 내적 지각기관(수용기)과 외적 작용기관(작용기)을 연결하는 '기능고리Funktionskreis'를 통해 동물이 환경세계에 적응하면서 자기세계를 형성한다는 것으로 보여줌으로써 기존의 1인칭적 의인관과 자동기계론을 거부했다. 동물주체 개념은 헬무트 플레스너1892~1985의 인간학에서 유기체의 외부와 내부의 관계를 함께 제시할 수 있는 경계 및 '입지성Positionalität' 개념을 통해 개념으로 설명되는 유기체의 역동적인 조직형식으로 파악된다. 이에 따르면 식물은 외적으로 입지환경과 개방적인 기능적 연관을 가지며, 동물은 내적 감각을 통합하는 심리적 중심을 가지는 폐쇄적 입지성을 갖는다. 반면 인간은 동물과 달리 대상화, 개념화, 형상화, 보편화의 능력에서 확인되는 탈중심적 입지성을 갖는다.

이와 달리 한나 요나스1903~1993는 자신의 생명철학에서 생명은 물질대사를 필요로 하지만 운동을 통해 주어진 환경을 자유롭게 변형함으로써 자기를 실현하는 존재라는 의미에서 동물의 주체성을 강조한다. 진화론적으로 동물은 공간지각과 장소운동을 통해 자유로운 실존적 놀이공간을 확대하며, 욕구와 열망의 느낌을 매개로 시간적 거리를 잴 수 있다. 이 매개성(간접성)은 환경세계에 직접 편입되어 있는 식물과는 달리 동물로 하여금 개체적 존재로서 자유의 공간에서 주어지는 성공과 실패의 모험이라는 주관적 현상을 갖도록 만든다. 이에 따르면 인간 또한 동물의 주체성을 고차적인 단계를 발전시킨 존재일 따름이다.

**두 번째 부분**(2~3장, 에필로그)에서는 동물철학사와 그로부터 이끌어 낸 동물의 본질규정을 다시 한 번 철학적 인간학과 연결된 철학적 동물학의 물음으로 심화하고 있다.

① 첫 번째 물음은 "나는 동물에 대해 무엇을 알 수 있는가?"이다(2장). 이 물음에는 이미 동물에 대한 우리의 인식이 반영되어 있다. 문제는 그러한 인식이 정말로 동물에 적합한 것인가 하는 점이다. 이를 잘 보여주는 것이 토머스 네이글1937~현재의 논문 「박쥐로 존재한다는 것은 어떻게 있는 것인가?」이다. '감각질'에 대한 논쟁을 통해 네이글은 동물의 지각이 1인칭적 관점에서 의인화될 수 있음을 지적하고, 과학적 기술을 위해서는 3인칭적 기술의 객관화가 필요함을 역설한다. 이에 대해 대니얼 데넷1942~현재은 네이글의 주장 또한 박쥐가 의식을 가지고 있다는 사실과 함께 그 의식이 우리와 다르다는 것을 전제하고 있다고 비판한다. 이는 동물의 의식을 인간의 인식과 유비적으로 기술하는 것은 문제가 있지만 배제하기 어렵다는 사실을 보여준다. 이러한 논의는 동물의 고통에 대한 의인관적 해석에 대한 동물윤리학자의 비판으로 확대되었다.

동물의 의식 및 정신에 대한 논의는 언어적 능력의 차이를 통해서 규명되기도 한다. 대표적으로 에른스트 카시러1874~1945는 동물은 상징적 기능을 통한 개념어를 가질 수 없다는 점에서 인간과 구별했다. 언어능력과 함께 동물의 지능에 대한 논의와 연관하여 '영리한 한스'라는 별명을 가진 말의 사례를 들 수 있다. 읽기, 쓰기, 계산을 배운 한스가 보여준 능력은 동물의 사고능력에 대한 관심을 불러일으켰다. 그러나 한스의 행동이 실험자의 영향이 반영된 것으로 판명되면서 이 사례는 동물심리학 및 행동학 연구를 위한 '경제원리'(모건)의 표본으로 적용되었다.

동물의 정신에 대해서는 이후 언어분석철학의 논쟁에서도 등장했다. 노먼 말콤1911~1990과 존 설1932~현재은 언어가 없다면 사고도 없다는 주장에 대해 의문을 제기하고, 동물이 명제로 표현되는 사고내용을 가지지 않지만 사고는 할 수 있다고 주장한다. 참과 거짓에 대한 확신 및 지향성과 연관된 언어능력을 가질 수 없는 동물은 사고하지 않는다는 도널드 데이비슨1917~2003의 주장을 반박하기 위해 설은 개의 사례를 통해 동물이 확신과 소망과 같은 지향적 의식을 가지고 있음을 보여주었다. 그러나 데이비슨에게 언어는 사고와 사고내용을 동시에 요구하기 때문에 이것을 구별하는 말콤과 설의 입장의 문제점을 비판하고 그러한 입장은 우리의 추론일 뿐이라고 거부한다.

동물의 지적 능력과 언어능력의 연관성에 대한 연구는 1970년 이후 유인원에 대한 실험을 통해서도 진행되었다. 청각장애를 위한 기호언어 및 상징언어를 사용하는 유인원의 상호소통 및 지능은 인간에 가까운 지적 능력을 보였다. 그러나 유인원은 표상활동 및 언어적 상징 속에 어느 정도 경험적 개념을 사용하는 것으로 인정되지만, 경험적 맥락과 분리된 논증적 담화를 할 수 있는 순수 개념에 대한 능력, 그리고 조립할 수 있고 재생산할 수 있으며 분절된 의미를 담아내는 인간의 언어에 미치지 못한다는 결론으로 기울어졌다. 또한 실험을 통해 유인원이 자기 및 타자 인식을 할 수 있다는 점도 인정되었지만, 자기의식이란 자기 및 타자 인식에 머무는 것이 아니라 사회성과 역사성을 가능하게 하는 것이어야 한

다는 점에서 동물에게 동족을 지향적 체계로 인식하는 정신이론은 불가
능하다고 주장(마이클 토마셀로1950~현재)이 제기되었다. 이러한 동물의
정신적 능력에 대한 논의는 유원인도 인간과 같이 타자를 인식하는 거울
신경세포를 가지고 있다는 과학적 연구를 통해 새로운 국면을 맞이하고
있다. 이런 점에서 동물의 정신에 대한 규명은 다양한 학제 간 연구의 필
요성을 불러일으키고 있다.

②두 번째 물음은 "나는 동물을 배려하여 무엇을 해야 하는가?"에 대
한 동물윤리적 담론으로 이어진다(3장). 이 담론은 1990년 이후 생명의
학, 자연보호 및 환경윤리에 대한 문제와 함께 본격적으로 철학의 분과
로 등장했다. 현대 동물윤리학은 동물과 인간의 관계에 대한 전통적인
입장에 대한 비판과 연결되어 있다. 아리스토텔레스의 자연학에서부터
확인되는 것처럼 식물은 동물을 위해, 동물은 인간을 위한 것이라는 자
연질서에 대한 이해는 18세기에 들어서기까지 시배적인 것이었기 때뮤
에 동물 및 자연보호를 위한 윤리적 논의는 전면에 등장할 수 없었다.

따라서 동물윤리학은 고대 및 중세의 세계관을 지탱해온 형이상학적
이고 윤리적인 토대에 대한 새로운 변화를 요구하는 것이다. 이 요구는
18세기의 계몽주의 사상에서 시작해 19세기에 등장한 동물보호 운동 및
관련 단체의 설립으로 이어졌으며, 마침내 2차 세계대전 이후 과학과 기
술의 발전이 초래한 엄청난 자연파괴와 함께 무분별한 동물사용 및 가혹
행위는 동물윤리에 대한 강력한 논의를 촉발시켰다. 1960년대에 인간의
동물사용에서 목격되는 대량살상, 기술적 동물관리, 끔찍한 동물실험에

대해 충격적인 보고서가 나오고 1970년대에 동물윤리에 관한 책들이 출판되기 시작했다.

　동물윤리학을 철학적 분과로 만든 학자들은 옥스퍼드 대학에서 연구하던 일군의 젊은 영어권 철학자들이었다. 이 중에서 주도적인 역할을 수행한 학자는 피터 싱어1946~현재이다. 그는 영국의 공리주의에 기초하여 동물윤리학을 위한 진로를 개척했다. "모든 동물은 평등하다"라는 표어에서 알 수 있듯이 동물윤리 담론은 서구 윤리학의 전통에서 권리 개념, 이성능력에 대한 평가, 위계적 목적론에 따르는 우주론을 재검토하는 과제와 함께 동물의 도덕적 지위와 이익, 그리고 평등성에 대한 논의를 포함하고 있다. 이런 점에서 이 책은 '동물윤리학'을 위한 참고서로서 동물과 인간의 관계를 철학사적으로 개관하는 데 많은 분량을 할애하고 있다.

　고대로부터 동물과 인간의 관계는 문화적 산물인 법적 논의를 배경으로 하고 있다. 일찍이 헤시오도스는 동물은 법이 없기 때문에 서로 잡아먹으며 살지만 인간은 제우스가 부여한 법이 있기 때문에 동물과 달리 우월한 존재가 될 수 있었다고 신화적으로 설명했다. 에피쿠로스는 인간은 쾌를 위해 서로에게 해를 입히지 않겠다는 보호계약을 맺는 능력을 가졌지만 동물에게는 법도 불법도 없다고 보았다. 이러한 전통은 근대 계약법으로 이어졌다. 홉스는 시민사회에서는 물론 자연상태에서도 동물에 대한 폭력 및 소유권은 합법적이라고 주장했다. 반면 흄은 법이 필요하지 않은 자연상태에서 살고 있는 동물은 법 밖에 존재하지만 감각능력을 가진 존재와의 공감을 인정하면서 무력한 존재에 대한 권력관계를 인정하는 사회는 평등한 사회가 될 수 없다고 여겼다. 현대에서 존 롤스

1921~2002는 흄과 유사하게 동물에 대한 인간적 동정과 의무가 있음을 인정하였지만 자신의 정의론에는 동물을 포함시키지는 않았다.

인간이 정립한 법질서에서만이 아니라 자연법적 질서에서도 동물은 하위의 것으로 여겨졌다. 자연법적 논증에서도 이성의 능력은 모든 생명체의 경계기준이 된다. 충동을 이성 아래 두는 소크라테스의 철학은 동물을 배제하는 주지주의적 윤리학의 출발점이 되었다. 아리스토텔레스의 행복윤리학에서도 동물은 덕과 행복을 위한 능력이 없는 존재로 간주되었다. 아리스토텔레스의 자연적 목적론을 수용한 스토아철학은 동물의 무이성성을 인간의 동물 사용권을 정당화하는 신적이고 자연적인 징표로 보았으며, 이는 중세 신학에서 더욱 강화되었다.

이러한 이성에 기초한 인간중심주의로부터 동물에 대한 배타적 도덕공동체를 보여주는 입장에 대한 반론도 일찍이 등장했다. 테오프라스토스BC 370~BC 285경, 포르피리오스232~304경, 플루타르크47경~120경는 동물제사와 육식으로 인한 농물학대를 만내하며 동물과 인간의 자연사적 친족성을 주장하였으며, 정의의 개념을 인간 사이의 친애에 국한시키는 것을 비판했다. 심지어 이들은 동물뿐만 아니라 열매를 따먹는 것 이외에 식물에게 해를 끼치는 행위에 대해서도 문제를 삼았다. 이러한 주장은 영혼의 정화를 위한 자기완성의 과제로 여겨졌으며 동물살해가 인간살해로 연결될 수 있다는 타락논증의 형태를 취하고 있다.

중세 이후 신의 피조물로서 동물이 가진 욕구와 고통을 아는 의로운 자의 자비에 대한 사상이 등장했다. 이러한 자비사상은 쇼펜하우어의 동정윤리학과 비교될 수 있다. 쇼펜하우어1788~1860는 삶의 의지를 가진 모든 존재가 고통을 갖는다는 점에서 동물의 고통에 대해서도 동정의 감정을 가져야 함을 강조했다. 반면 칸트1724~1804는 종교적 자비 및 전통적인 윤리적 수양에 따른 동물에 대한 의무를 당위의 윤리학으로 세속화했다. 그는 동물학대 금지에 대한 의무를 성서에 나오는 신에 대한 의무나 쇼펜하우어처럼 자신의 덕성을 위한 불완전한 의무가 아니라, 자기 자신에 대한 완전한 의무에 속하는 것으로 여겼다. 또한 동물의 고통과 욕구와 관련하여 사변을 목적으로 하는 동물실험을 반대하며 타인에 대한 사랑의 의무처럼 동물을 배려하는 간접적인 의무를 제시했다. 현대에서 슈바이처1875~1965는 칸트가 말하는 배려의 의무를 다시금 기독교의 사랑과 자비의 윤리를 반영하여 살아 있는 모든 것에 대한 무한한 책임을 강조하는 생명에 대한 외경의 윤리학으로 발전시켰다.

근대의 동물윤리학자들은 동물에 대한 자비, 동정, 배려와 같은 간접적인 의무로 만족할 수 없었다. 이들은 인권과 마찬가지로 동물권도 자연법적이며 신법적인 근거를 가지고 있으며, 따라서 동물에 대한 직접적인 의무, 즉 정의의 의무를 동물에 대해 가져야 함을 주장했다. 이러한 주장은 최초로 동물보호법 제정을 위해 노력한 제러미 벤담1748~1832을 거쳐 프랑스 혁명 이후 이익의 평등한 배려를 주장하는 동물윤리로 발전되었다. 이러한 움직임은 이성에 기초한 배타적 인간중심주의에 대한 강력한 비판과 연결되어 있다. 이를 위해 먼저 이성보다 감각능력, 즉 고통 또는 쾌로서 행복추구를 위한 평등권이 중요한 문제로서 부각되었다. 레오나르드 넬슨1882~1927은 동물을 위한 의무를 도덕적 인격존재의 자율성에 통합하는 칸트의 윤리학을 동물에 대한 직접적 정의의 의무를 요구할 수 있는 이익의 윤리학으로 변형시키고, 법–인Rechts-Person이라는 개념을 통해 동물을 이익의 당사자, 즉 법적 주체로 보려고 했다. 나아가 톰 리건 1938~2017은 간접적 의무에서는 개와 자동차의 경우에서처럼 소유에 대한 것으로만 부각될 수 있기 때문에 동물의 자기목적적인 성격과 연관된 내재적 가치의 형식을 제시했다. 내재적 가치는 감각적 상태, 개념적 능력, 유용성과 무관한 것으로서 독립된 자기행복에 대한 느낌을 가지는 동물을 자신의 생명에 대한 주체로서 보는 개념이다. 이를 통해 리건은 인간과 동물의 평등에 대한 차이를 극복할 수 있으며, 나아가 도덕적 무능력자의 기본권 또한 변호할 수 있다고 보았다.

피터 싱어는 공리주의적 이익윤리학을 강화하여 리건의 동물권을 넘어서 동물해방을 주창했다. 그는 평등한 이익고려의 원칙을 인간 종만이 아니라 고통과 쾌를 느낄 수 있는 능력을 가진 모든 존재로 확장할 것을 요구했다. 다시 말해 감각능력은 타자의 이익을 배려하기 위한 유일한 한계로서 고통을 금지하는 근거가 된다. 그러나 살해에 반대하는 도덕적 근거를 위해서는 감각능력을 가진 생명체가 자기존재의 지속성에 대한 의식을 가져야 한다. 이러한 주장은 인간의 지위를 낮추지 않으면서도 감각능력과 자기의식을 가진 인간이 아닌 생명체로 생명보호의 권리를 확대할 수 있는 근거가 된다.

마이클 툴리1941~현재는 생명보호의 권리를 지속적인 삶의 이익에 대한 관심이라는 '특수 이익의 원칙'을 통해 더욱 분명히 하려고 했다. 그러나 이 원칙은 이익에 대한 관심을 가진 자에게만 적용될 수 있는 한계를 가진다. 이에 대해 조엘 파인버그1926~2004는 '일반 이익의 원칙'을 제시했다. 이 원칙은 이익을 가진 자 또는 가질 수 있는 자의 권리는 권리를 '인정할 수 있는 존재'를 통해 가능하다는 것에 초점을 맞추고 있다. 이에 따르면 지속적인 삶의 이익에 대한 관심을 가질 수 없는 자라고 할지라도 권리를 가진 것처럼 대우할 수 있어야 한다는 것이다. 파인버그는 법과 양심에 따르는 인정이론을 통해 이익과 권리의 관계를 제시한다. 이후 이익과 권리의 관계를 둘러싼 윤리적 논의는 메타 언어적 능력을 소유할 때에만 분명하게 드러날 수 있다는 레이몬드 프레이1941~2012의 언어분석적 해석과 이에 대한 톰 리건의 반론으로 이어졌다.

동물윤리와 관련하여 주목해야 할 것은 '종차별주의Speziesismus'에 대한 비판이다. 이 용어는 영국의 실험심리학자 리처드 라이더1940~현재가 동물실험의 윤리기준을 논의하면서 인간의 종적 귀속성에 대해 특수한 지위를 주장하는 것을 비판하기 위해서 적용한 개념이다. 그는 종개념이 자의적이며 우연적인 것으로서 특정한 기준이 없음에도 불구하고 그것으로 인종차별과 마찬가지로 다른 종을 차별하는 윤리적 태도를 낳는다고 보았다.

이 개념을 이어받아 싱어는 동물심리학 및 동물철학에서 나타나는 전통적인 의인관, 즉 신과의 동형성, 도덕적 인격성, 인식과 행위 및 언어적 소통의 능력을 가지고 있다는 점에서 인간을 단순한 생물학적 생명체가 아니라 특별한 지위를 가진 존재로 인정하는 입장을 비판하고, 일상화된 인간중심주의를 중단시키고 평등한 이익의 고려라는 도덕적 이념 아래 인간과 동물의 관계를 새롭게 수립하려고 했다.

③ 마지막 물음은 "동물은 무엇을 희망해도 좋은가?"라는 종교철학 및 역사철학적 물음이다(에필로그). 이 부분은 아주 짧게 언급되어 있다. 이 물음에 대해 철학과 신학은 일찍이 부정적인 결론을 맺었다. 동물은 형태적으로 땅을 향해 있다는 점에서 초월적 능력이 결여되어 있으며, 인간은 하늘을 향해 있는 철학적 존재이며 신을 믿는 존재라는 것이다. 그런 점에서 동물에게는 이 땅에서의 희망만이 고려될 수 있다. 그리고 그 희망은 인간을 향해 있을 때 성립될 수 있다.

이에 대해 이 책의 저자들은 동물과 인간의 이론적 평등에 대한 논의보다 도덕적 책임주체로서 인간이 동물에 대한 도덕적 배려를 가질 때 동물의 희망을 말할 수 있다고 본다. 다시 말해 다양한 경험적 영역에서 논의되어온 동물과 인간의 유사성에 대한 이론은 인간의 책임윤리적 가능성을 제시하는 것과 연결되어야 한다는 것이다. 자연주의적 평준화를 통해 인간을 동물로 여긴다면 동물의 희망, 즉 동물에 대한 배려는 없을 것이다. 이에 대해 저자는 동물의 희망은 인간이 지위를 긍정하고 인간만이 아니라 동물도 진지하게 법적 체계에 포함시키는 확장된 인도주의를 제안한다.

## 차례

# 철학적 물음으로서 동물

　동물은 전통적으로 아리스토텔레스부터 데카르트를 거쳐 철학적 인간학까지, 그리고 비트겐슈타인Wittgenstein 이후의 분석철학에 이르기까지 대부분 무시되었다. 이에 반해 현대 생명윤리학은 동물을 진지한 주제로 부각시켰다. 오늘날 많은 철학자들이 동물연구를 하면서 다시금 오래된 문제와 함께 새로운 문제를 제기한다.

　철학은 '동물'에 대해 어떤 물음을 제기하고 있는가? 지금까지 철학은 주로 인간을 다루었다. 인간의 영혼, 우주에서 인간의 위상, 윤리적 삶의 영위, 인간의 언어, 세계에 대한 앎 또는 올바른 정치질서와 같은 것이 그 주제였다. 그런 점에서는 플라톤에서 데이비슨Davidson에 이르는 철학사에도 큰 변화가 없었다. 철학적 사유의 중심에는 인간이 있었다. 임마누엘 칸트는 "인간이란 무엇인가?"라는 핵심적 물음 아래 다양한 철학적 물음을 제기하였다. 이성적 인식의 철학(나는 무엇을 알 수 있는가?), 이성적 윤리학(나는 마땅히 무엇을 해야 하는가?), 이성적 종교철학(나는 무엇을 희망해도 좋은가?)은 핵심적인 인간학의 물음과 연관하여 해명되어야 했다. 이러한 물음의 범위는 오늘날도 중심주제가 되고 있다. '무엇'인가를 묻는 본질주의적 물음은 근본적으로 이데올로기의 혐의, 즉 그와 관련된 형이상학적 의심을 받는다. 그러한 물음은 교조적으로 대답해서는 안 되는 본질적인 물음을 지향하고 있기 때문이다. '인간'은 현대철학에서 구조 또는 환상Phantom으로 여겨진다. 인간은 개인, 인종, 사회의 다양성으로 쪼개지거나 창조적으로 해체되고 있다. 따라서 니체 이후에 신만이 아니라 '인간' 또한 죽었다고 한다면, 이제 '동물'에 대해서는 어떤 철학이 가능할 것인가?

철학적 물음으로서 동물에 대한 물음을 통해 우리는 어떤 결과를 기대할 수 있을까? 이에 대한 대답은 동물에 대해 특별히 어떤 물음을 제기하는가에 달려 있다. 우리는 칸트의 네 가지 중요한 물음과 연관하여 동물철학의 위상과 문제 범위를 세시하려고 한다.

1. 동물은 무엇인가?
2. 나는 동물에 대해 무엇을 알 수 있는가?
3. 나는 동물을 배려하여 무엇을 해야 하는가?
4. 동물은 무엇을 희망해도 좋은가?

이 물음들은 비판적 동물철학이 동물의 관점에서 나온 철학일 수 없으며, 오히려 여전히 동물에 대한 우리 인간의 생각에서 나온 철학임을 분명하게 보여준다. 동시에 동물철학 역시 부정적인 관점에서 항상 철학적 인간학, 즉 인간학적 자기확신이라는 사실도 분명하게 드러내고 있다. '동물'이란 무엇인가라는 물음은 본질적으로 인간상Menschenbild에 의존하고 있으며 그 반대의 경우도 마찬가지이기 때문이다. '인간'과 '동물'이라는 개념은 상호 규정적이다. 이것은 동물철학이 계속해서 '인간'에 대한 불특정한 대립개념으로서 '동물'을 다루고 있음을 보여준다. 종적 특수성 또는 개체적 다양성은 먼저 경험적 태도에서, 예컨대 동물행동학, 특히 유인원 연구와 동물심리학 또는 동물보호 응용윤리학의 구체적인 물음에서 주목을 받는다. 그런 점에서 위의 네 가지 물음은 "인간이란 무엇인가?"라는 칸트의 주요 물음으로 다시금 돌아간다.

동물이란 무엇인가? 이 첫 번째 물음은 생명이나 생명체에 대한 이론이 없으면 동물에 대해 어떤 진술도 할 수 없다는 주장을 반영하고 있다. 그러므로 먼저 생명철학적 토대가 마련되어야 할 것이다. 부차적으로 의식적이든 무의식적이든 동물과 관련된 철학적 논쟁이 포함된 실제적이고 역사적인 자료도 제시되어야 한다. 생명체의 서열적 단계론을 제시한 아리스토텔레스는 진화론적 관점에 이르기까지 서양의 동물 개념에 영향을 끼쳤고, 현재의 논의에서도 중요한 계기로 작용하고 있다. 이와 연관해 서양철학에서 동물에 관한 철학적 담론을 형성해온 근본적인 동물 개념들을 소개할 것이다. 이에 따르면 먼저 동물은 감각적 존재, 본능적 존재, 자동기계로 여겨진다. 그리고 20세기에 동물을 새로운 주제로 부각시킨 야콥 폰 윅스퀼Jakob von Uexküll, 헬무트 플레스너Helmuth Plessner,

한스 요나스Hans Jonas와 같은 학자들은 동물을 주체로 여긴다.

"나는 동물에 대해 무엇을 알 수 있는가?"라는 물음과 함께 생명철학적 이론은 비판적 인식론으로 전환한다. 우리는 박쥐가 어떻게 존재하는지 알 수 있는가? 동물은 개념, 의식, 기대, 확신, 이익에 관심을 가지거나 언어를 구사할 수 있는가? 또는 이러한 형태로 인식하려는 노력은 피할 수 없이 의인관Anthropomorphismus이라는 비판을 받게 되는 것은 아닌가? 대표적인 현대 정신철학자와 언어철학자들 또는 데이비슨과 설Searl과 같은 대표적인 분석철학자들은 관심사가 본래 동물에 대한 이해와 직결된 것은 아니지만 이러한 주제들을 두고 논쟁을 벌였다. 크리시포스Chrysippus의 개 또는 비트겐슈타인의 개와 같은 구체적인 동물들은 대부분 인식 가능성의 원리에 대한 해명 수단일 뿐이었다. 특히 철학자들은 유인원의 언어실험으로부터 도전을 받고 각자 자기 입장을 취하고 있다.

동물들이 언어로 자신의 이익을 표현하거나 의식적으로 고통을 표현한다면 "나는 동물에 대해 무엇을 할 수 있는가?"라는 도덕철학적 물음이 새롭게 제기된다. 비판적 언어분석과 신데카르트적 동물 자동기계론에도 불구하고 동물윤리학은 더욱더 많은 호응을 얻고 있다. 왜냐하면 비철학적인 일상의 이해에서 사람들은 대부분 동물이 고통과 아울러 행복을 느낄 수 있다고 확신하기 때문이다. 고대의 지성적 행복주의 윤리학은 동물이 같은 도덕공동체에 속하는 것을 막았던 반면, 감정능력을 강조하는 감각적 쾌락주의 동물윤리학은 인간의 '털 많은 사촌'에게 같은 '도덕공동체'에 편입할 길을 열어주었다. 평등에 관한 담론이 시작되면서부터 동물윤리 논쟁의 기본유형이 소개되고, 현대 종차별주의 Speziesismus에 대한 비판적 분석으로 이어지고 있다. 왜냐하면 현대 인식론에서 의인관은 성급한 유추이며, 현대 동물윤리학에서는 종차별주의이기 때문이다. 그것은 아마도 '누가 우리와 같은 자인가'라는 평등에 대한 물음에 영원히 답을 찾아 헤매는 치유할 수 없는 질병일 것이다.

도입부에서는 고전적인 기본 견해와 논쟁이 소개될 것이다. 수많은 문헌이 있지만, 여기에서는 역사적으로 참조할 만한 것으로서 동물철학적 담론을 체계적으로 해명하는 데 도움을 주는 것만 선택하였다. 그리고 잘 알려진 몇 가지 측면에 강조점을 두었다. 동물윤리학은 오늘날 영어권에서 주로 나오고 있으며, 최근 동물권 윤리학에도 영향을 주고 있다. 이에 대해서는 리건Regan, 라이더Ryder 또는 싱어Singer를 통해 깊이 논의되고 있다. 그러나 동물권 윤리학과 동물보호 운동은 고대, 종교개혁, 계몽주의 시기에도 있었고 정신적 문화와 폭넓게 연관되었다. 이러한 사실은 동물윤리학과 동물보호 역사에서 영어권의 주도적인 영향으로 인해 감추어져 왔다.

우리는 에센에 있는 뒤스부르크 대학연구소에서 이 글을 처음 읽고 초고에 대해 조언을 주신 마르크 마인하르트Marc Meinhardt 씨와 산트라 마이어Sandra Meyer 씨에게 감사드리며, 아울러 이 책이 세상에 나올 수 있도록 도와준 출판사에 감사드린다.

# 1장
# 동물이란 무엇인가?

― 생명철학의 토대와 고전적 개념

# 생명체로서의 동물
## : 종속영양(heterotroph), 운동, 감각기능

'동물'이란 무엇인가? 우리는 일상 속에서 수없이 많은 개체로서 동물을 만난다. 그러나 '동물'은 경험의 대상이 아니라 문화질서의 기본틀에서 이해되는 구성물의 이름이다. 현대 일반사전에서는 '동물'이 생물학적으로 인간보다 식물에 더 대립하는 것으로 보인다.

동물과 식물의 차이는 일차적으로 전형적인 영양방식과 주요 영양분과 연관된다. 동물은 종속영양을 하는heterotroph 생명체이다.[1] 생명체는 자기보존을 위해 다른 생명체를 먹고 살면서 필요한 에너지를 얻는다. 여기에는 다른 동물의 살을 먹는 육식동물, 식물을 먹는 초식동물, 둘 다 먹는 잡식동물이 있다. 잡식동물 중에 인간도 포함된다. 종속영양을 하는 동물은 독립영양을 하는autotroph 식물과 대조된다. 식물은 다른 유기체에 의존하지 않고 독립적으로 영양을 섭취할 수 있다. 무기물(동화작

---

1  그리스어 héterotrophé에서 hétero는 다른 것을, trophé는 영양활동을 의미한다.

용)과 빛(광합성 작용)의 도움으로 유기적 성분을 만들어 특별한 유기체적 형태를 유지한다. 반면 동물은 모두 식물적 에너지에 의존한다. 직접식물을 먹든지 또는 맹수처럼 간접적으로 먹어야 생명을 유지할 수 있다. 따라서 다음과 같이 대략적으로 정리할 수 있다. 식물은 독립영양을 하며 빛을 먹는 생명체이지만, 동물은 다른 것을 먹는 즉 종속적으로 에너지를 얻는 생명체이다. 동물은 근원적으로 식물에 축적된 빛과 생화학적으로 만들어진 에너지로 살아간다.

이처럼 에너지와 연관된 일차적인 특징과 아울러 대부분의 고등동물에 대한 관점에서 동물과 식물의 차이를 알 수 있는 이차적 특징이 제시된다. 그 가운데 두 가지는 오늘날에 이르기까지 동물에 관한 철학적 논의에서 중심적인 역할을 차지하고 있다. 아리스토텔레스가 자연철학적 구조에서 맨 먼저 가장 분명하게 차이의 기준으로 언급한 '장소운동'과 '감각'이 바로 그것이다.

자유로운 장소운동과 눈과 같은 특별한 감각기관은 대부분의 고등동물에게 환경세계Umwelt와 종족의 인지, 포획물의 위치 파악을 가능하게 한다. 외부로부터 유입되는 감각 내용은 내부에서 일어나는 느낌, 즉 배고픔, 갈증, 두려움, 쾌와 연결될 수 있다. 이러한 것들에 대한 만족 또는 기피는 다시금 자유로운 장소운동의 가능성과 기능적으로 연결된다. 동물이 영양공급을 목적으로 먹이를 추적하고 포획하기 위해서는 자신의 감각기관을 통해 그것이 적합한 먹이임을 확인할 수 있어야 한다. 이처럼 외적으로 관찰할 수 있는 이러한 고등동물의 운동방식은 관찰할 수 없는 내적인 감각활동과 연결되어 있다. 바로 여기에서 이미 동물철학적 문제가 제기된다.

감각과 자유로운 장소운동이라는 이차적 특징의 분리는 '내적 접근'과 '외적 접근'이라는 이원적인 고찰로 옮겨가고, 이는 각각 동물의 생명에 대한 철학적 접근과 생물학적 접근으로 갈라지게 만든다. 관찰할 수 없는 동물의 감각과 내적 상태를 내적 관점에 맞춰 기술할 때는 인간의 감각과 표상에 대한 비교가 전제된다. 내적 성찰에 근거하여 유추되는 동물의 상태는 인간의 감정이입을 통해 추측된다. 이에 대해서는 의인관이라는 비판이 제기되었다. 20세기에 이르기까지 광범위하게 의인관을 적용하는 고전적 동물심리학에 따르면, 원숭이, 말, 개―『브렘의 동물의 삶』[2]에 나오는 동물―와 같은 고등동물뿐만 아니라 개미, 꿀벌―다윈주의자 루드비히 뷔히너Ludwig Büchner의 『동물의 정신적 삶』[3]에 나오는 곤충―또한 '정신적 삶'을 수행하는 것으로 여겨졌다.

이후 비판적 동물연구자는 동물의 내적인 삶을 인간화한다는 비판을 피하기 위해 관찰할 수 있는 동물의 행동Verhalten에 대한 기술만을 수용했다. 행동주의자들, 이를테면 존 B. 왓슨John B. Watson과 윌리엄 맥두걸

---

2  Brehms Tierleben.
  『브렘의 동물의 삶』이라는 동물학에 관한 책. 이 책은 1860년대에 알프레드 에드문트 브렘 (Alfred Edmund Brehm, 1829~1884)에 의해 출판되었으며 지금까지 동물학에 관한 가장 대중적인 책이다. ― 역주
3  Geistesleben der Tiere, 1876.

William McDougall은 내적 성찰을 통해 연구하는 동물심리학자들과 거리를 두려고 노력했다. 행동주의자들은 동물의 내적 삶 또는 의식이란 기껏해야 교육적으로 설명하기 위한 허구에 불과한 것으로 여기고, 순수하게 경험적으로 증명된 예측만을 방법적으로 명료한 것으로 받아들였다. 그렇게 할 때에만 외적으로 관찰할 수 있는 동물 개체의 행동이 특정한 요인 아래 기술되고 설명될 수 있기 때문이다.

지각, 감각 그리고 장소운동과 같은 이차적 특징에 따라 동물을 연구하는 고전적 관점, 즉 내적 관점과 외적 관점은 계속해서 새로운 철학적 논의를 불러일으키고 있다. 반면 처음에 등장한 에너지 이론과 연관된 동물에 대한 현대적 고찰, 즉 동물의 종속영양에 대한 문제는 부차적인 것이 되었다.

# 우주에서 동물의 위상
## : 정태적 영혼의 단계적 질서에서 역동적 진화과정으로

동물이 생명체로서 무엇보다도 일차적인 특징(종속영양, 독립영양)과 이차적 특징(감각, 장소운동)을 통해 식물과 구별된다고 할 때, 다음과 같은 물음이 제기된다. 본래 생명체란 무엇인가? 생명이란 무엇인가? 이 물음은 고대 자연철학적 사유가 시작될 때부터 있었고, 이에 대한 대답은 현대에 이르기까지 영향을 미치고 있다. 심지어 용어의 차원에서도 마찬가지이다.

아리스토텔레스[1]는 생명을 모든 유기체를 특징짓는 자기운동 능력과 연결시켰다. 17세기에 등장한 '유기체Organismus'라는 낱말은 영혼psyché에 의해, 다시 말해 내적이고 비물질적인 자기운동의 원리에 의해 움직이는 신체로 이해된다. 이때 운동은 장소운동과 함께 성장과정 또는 지

---

1   Aristoteles, BC 384 ~ BC 322.

각과정과 같은 모든 자발적 생명운동도 포함한다. 여기에서 물질적이며 자연적인 신체는 도구, 즉 '오르가논órganon'으로서 특정한 형상의 목적 télos을 실현하기 위해 영혼에 봉사한다. 예컨대, 알이 부화하여 성장한 닭에 이르도록 하는 것이다. 그러므로 복수형 '오르가네organe'는 영혼의 목적을 수행하는 도구들이다. 하나의 유기체는 각기 특별한 목적을 실현하기 위해 하나의 영혼에 의해 사용되는 모든 도구들의 통일체이다. 세계 속의 생명은 한 유기체의 특별한 현존방식, 아리스토텔레스에 따르면 완성태Entelechie와 연결된다.[2] 따라서 생명과정은 비물질적 영혼에 근거하여 목적으로 향하는 과정이다. 여기에서 광의의 개체발생Ontogenese의 의미가 이해될 수 있다. 비유기체, 다시 말해 살아 있지 않은 것은 영혼의 결여라는 점에서 살아있는 것으로서의 유기체와 구별된다. 유기체만이 자기운동의 원리 즉 생명운동의 원리로서 영혼을 필요로 한다. 이런 방식으로 유기체를 특징짓는 것이 아리스토텔레스의 목적론적 생명철학이다.

아리스토텔레스에서 영혼은 다음과 같은 세 층위의 기본형식을 보인다. 우선 영혼은 감각 없이 장소에 고착된sessil 식물의 발생과정에서 드러난다. 식물영혼의 능력은 성장과정, 영양과정, 번식과정에 제한된다. 다음으로 영혼은 감각할 수 있고 자유로운 장소운동의 특징을 가진, 즉

---

2  그리스어 Entelechie는 '엔 텔로스 에케인(én télos échein)', 즉 자기 자신 안에 목적이 있음을 의미한다.

운동하는mobil 동물에서, 그리고 마지막으로 인간에서 드러난다. 인간은 탁월한 이성능력을 통해 앞서 언급한 모든 생명운동을 완성한다. 스콜라 학자들이 사용하는 라틴어 용법에서 세 영혼의 형식은 다음과 같이 표현된다. ① 식물적 영혼anima vegetativa, ② 감각적 영혼anima sensitiva, ③ 이성적 영혼anima rationalis. 생명을 가진 영혼은 더 많은 능력을 가질수록 더 완전하며, 그러한 영혼에 의해 목적을 향하여 운동하는 유기체는 서열단계에 따르는 영혼의 질서에서 한층 더 높은 위상을 차지한다.

이렇게 본다면 수평적인 개체발생의 목적론Entelechie은 수직적인 목적론과 함께 고려된다. 먼저 유기체는 수평적으로 자신의 완성태를 향해 있다. 개체발생(내적 목적론)은 유기체를 영혼이 자기 자신을 위해 산출하는 것으로 고찰한다. 반면 수직적으로 유기체를 고찰하는 외적 목적론은 영혼의 완성도에 따라 하위의 영혼이 상위의 영혼을 위한 토대가 되는 것으로 여긴다. 다시 말해 하위의 유기체는 이어지는 상위의 유기체를 위해 존재한다. 구체적으로 설명한다면, 식물은 동물을 위해 존재하며 식물과 동물은 인간을 위해 존재한다.[3] 결과적으로 비유기체는 유기체를 위해 존재한다. 목적론적으로 영혼의 단계를 통해 구축된 자연영역의 서열은 오늘날까지 우리의 일상적 이해에 각인되어 있으며, 나아가 실제 동물철학의 담론에서 서열을 나타내는 등급으로 사용된다. '동물'이라는 말은 고대에서 오늘날에 이르기까지 수평축과 수직축이 이루는 십자선에 자리하는 것이다.

---

3  Politik 1256b.

장소에 고착되어 있지만 감각하는 식물도 처음에는 '조온zôon' 즉 생명체로 여겨졌다.[4] 그러나 동물학Zoologie이라는 동물에 관한 학문을 창시한 아리스토텔레스는 '조온zôon' 개념을 동물과 인간에만 국한시켰다. 그는 동물을 식물과 분리시키고 인간에 더 가까운 것으로 여겼다. 그는 자유로운 장소운동 없이는 감각하는 것은 불가능하다고 보았기 때문에 식물의 감각능력을 부정했다. 그런 점에서 식물은 살아 있기는 하지만 온전하지 않은 생명체이며, 비유기체와 동물 사이의 중간영역에 존재한다. 동물라틴어로는 animal, 특히 자유롭게 운동하는 척추동물은 생명체 일반의 전형이자 영혼anima의 담지자가 된다.

그러나 장소에 고착된 동물과 같은 중간적 존재가 있을 경우에 정해진 영혼의 서열 단계에 편입시키는 것이 어렵다는 것을 아리스토텔레스 역시 모르는 것은 아니었다.[5] 자연은 비약 없는 이행단계를 산출한다는 점에서 중간형태가 필요했다. 아리스토텔레스의 서열적 자연질서는 특히 동물과 식물의 종에 대해 더 많은 발견이 이루어진 근대 초기에 더욱 세분화되면서 보충되었다. 이러한 자연질서는 18세기에는 자연의 사다리, 소위 자연의 스칼라scala naturae[6]에 근거하여 모든 생명체를 순차적으로 배치하는 데 적용되었다. 여기에 가장 큰 영향을 끼친 사람은 스위스의 자연철학자 샤를 보네[7]이다. 아리스토텔레스 이후에도 자유로운 장소운

---

4  다른 물체에 접촉하면 수축하는 함수초(mimosa pudica)가 이러한 사례에 속할 수 있다. ─ 역주
5  산호초와 같은 것이 식물성 동물의 사례이다. ─ 역주
6  Lovejoy 1985 참조.
7  Charles Bonnet, 1720~1793.

동과 감각능력은 동물에 대한 자연철학의 주요특징으로 여겨졌지만, 그 것만으로 충분히 자연영역의 서열을 규정할 수 있는가에 대해서는 의문 은 계속 제기되었다.

아리스토텔레스와 칼 폰 린네[8]는 동물과 식물에 대해 기술하였을 뿐 만 아니라, 이름을 부여하고 유형적인 종 개념에 근거하여 형태가 비슷 한 유기체를 '자연의 체계' 안에 배치하였다. 그러나 부차적 특징에 따라 동물과 식물을 구별한 고전적 서열은 모든 유기체에 들어맞지 않았다. 해면동물 또는 산호초와 같이 장소에 고착된 '식물성 동물Zoophyten' 은 결과적으로는 사실상 동물로 밝혀졌다. 다른 한편으로 동물의 운동 과 유사한 행동을 보이는 식물들도 발견되었다. 이 식물들은 전신식물 Telegrafenpflanze처럼 자발적으로 각각의 잎을 움직이거나 함수초mimosa pudica처럼 다른 물체에 접촉하면 수축할 수 있다.[9] 이러한 종들이 발견되 면서 고착성Sessilität을 가질 경우 무감각하다거나 운동성을 가질 경우 감 각능력이 있다는 견해는 약해졌다. 또한 자신이 먹이가 되는 대신에 작 은 동물을 먹이로 삼는 파리지옥이나 끈끈이주걱과 같은 식충식물은 전 통적인 가치서열을 의문스럽게 만들었다.

광합성 작용과 독립영양을 한다는 점에서 식물은 종속영양을 하는 동 물과 구별되었지만, 벌레를 잡아먹는 식충식물이 등장하면서 에너지론

---

8  Carl von Linné, 1707~1778.

9  전신식물은 잎이 움직이는 아시아의 열대 지역에 주로 서식하는 관목으로 무초(舞草) 또는 세마 포 식물로 불린다. ─ 역주

의 관점에서 동물과 식물을 일차적으로 구분하는 것도 차질을 빚게 되었다. 나아가 운동은 하지 않으면서도 보통의 식물처럼 독립영양을 하지 않는 균류菌類, Pilze, 그리고 한번 움직였다가 고착한 상태에 머물러 있거나 한번 굴성운동phototroph을 한 후에 종속영양을 하는 단세포 생명체도 발견되었다. 이러한 사례들은 다윈의 진화론 이전에 통용되던 부차적 동물의 특징, 즉 동물과 식물의 경계를 분명하게 보여주는 감각과 운동에 기초한 정태적 서열의 정당성을 무너뜨렸다.

결국 찰스 다윈[10] 이후 사람들이 '동물', '식물' 또는 '인간'이라고 부르는 모든 것은 역동적 질서 속에 다시 배치되었다. 이러한 질서에서는 어떠한 서열이나 목적론도 더 이상 정당화될 수 없게 되었다. 이것은 다윈주의 관점에서 당연한 귀결이었다. 이에 따르면 유기체의 역사는 우발적이고 우연적이며, 목적과 방향이 있을 수 없기 때문이다. 그럼에도 불구하고 다윈 이후에도 오랫동안 '자연의 스칼라'라는 서열은 여전히 모든 유기체의 계통을 드러내는 도식에 그대로 반영되었으며, 거기에서 인간은 정점을 차지했다. 그러나 공간적이고 정태적인 질서를 나타내는 사다리는 시간적이고 역동적으로 발전하는 나무, 즉 계통수系統樹, Stammbaum[11]로 바뀌었다. 조지 J. 로마네스[12]와 같은 다윈 추종자는 신체

---

10  Charles Darwin, 1809~1882.
11  계통수는 생명체의 진화적 관계를 요약하여 보여주는 그림을 말한다. 이것은 일반적으로 여러 종 사이의 멀고 가까운 정도와 진화과정을 보여줄 뿐만 아니라 유전자, 단백질, 개체, 군집, 상위 분류군 등 다양한 생명체의 관계를 도식적으로 보여준다. ─ 역주
12  George J. Romanes, 1848~1894.

적 형태의 발전을 묘사하는 것을 넘어 단세포 생명체에서 인간에 이르기까지 정신적 존재의 점차적인 진화를 구체적으로 보여주기 위한 도식을 사용했다. 그렇지만 '인간 중심적' 서열 도식은 여전히 철학적 인간학, 자연철학, 심지어 20세기의 분석철학과 언어철학에도 영향을 미쳤다. 이에 대해 신다윈주의자 리처드 도킨스Richard Dawkins와 같은 비판적 진화론 연구자들은 유기체의 서열화와 단계적 질서를 단호하게 거부하고, 자연의 스칼라와 같은 기본틀에서 인간과 동물, 식물을 사고하는 것에 대해 경고한다.

"동물이란 무엇인가?"라는 물음에 대해서는 서로 다른 대답이 가능하다. 철학적 논의와 생물학적 논의에 따라 고전적 동물 개념은 다음과 같이 네 가지로 정리될 수 있다. 감각적 존재, 본능적 존재, 자동기계로서의 동물 개념, 그리고 폰 윅스퀼, 플레스너, 요나스와 같은 학자들에 의해 20세기에 집중적으로 고찰된 주체로서의 동물 개념이다.

# 감각적 존재로서의 동물

고대에 경험적으로나 철학적으로나 동물을 가장 포괄적으로 연구한 사람은 아리스토텔레스이다. 그의 연구는 지금까지도 강한 영향을 미치고 있다. 그 이전에 데모크리토스도 동물에 관한 책을 한 권 썼다고 알려져 있지만, 사실상 『동물의 부분들과 생식에 관하여』[1]와 같은 동물학 저서들을 집필한 아리스토텔레스가 동물생물학 또는 동물학의 창시자로 꼽힌다. 『영혼에 관하여』[2]에서 그는 일차적으로 동물을 감각적 존재로 이해하는 철학적 개념을 제시하였다. 이에 따르면 동물은 특별한 감각 기관을 가진 감각 영혼에 기초하여 삶의 경험을 축적하고, 그에 상응하여 행동을 할 수 있는 생명체이다. 동물은 욕구충족을 위해 방향을 잡는 공간운동을 하며, 그렇게 함으로써 먹이를 조달하거나 종을 번식시킬 수

---

1  Über die Teile und Erzeugung der Tiere.
2  De Anima.

있다. 외적 감각기관을 통한 지각과 내적 감각—고대에서는 두 개념이 용어상 뚜렷하게 구별되지 않는다—은 동물의 중심적인 특징이다. 하등동물도 촉각과 미각, 쾌와 고통의 감각을 가지고 있다. 더 나아가 고등동물은 먼 거리에서도 냄새를 맡거나 듣고 보는 감각을 갖는다. 동물의 감각에는 경험을 가능하게 하는 표상력이 있다. 많은 동물은 시간의 느낌을 전제하는 기억도 가지고 있다.[3] 그러나 동물은 이성을 갖고 있지 않기 때문에 일반개념을 형성하거나 추론 또는 이론을 정립할 수 없다. 하지만 표상을 가지고 기억을 할 수 있기 때문에 배울 수 있고 획득한 경험을 습관화할 수 있다.

근대에 이르러 존 로크[4]는 데카르트의 본유관념에 반대하며 인식론적인 관점에서 동물과 같은 상태의 백지 개념Tabula-rasa-Konzept을 발전시켰다. 사실 로크는 동물연구에 큰 흥미를 갖지는 않았다. 그보다는 인식이론에 대한 물음에 집중했다. 그의 감각이론은 지성에는 감각을 통해 들어오지 않은 것은 아무것도 없다는 내용을 담고 있다. 이러한 감각이론은 이후에 지성과 이성을 경험적 심리학의 관점에서 논의할 수 있는 발판이 되었다. 로크에게 인간과 동물은 본질적으로 구별되기보다는 감각적 존재로서 단계적으로만 구별되었다. 이러한 로크의 감각주의Sensualismus는 흄Hume, 콩디약Condillac, 하틀리Hartley, 보네Bonnet 등을 거

---

3  L4: X 1199.

4  John Locke, 1632~1704.

쳐 연상심리학 및 그와 연관된 동물 학습이론의 모델로 발전했다. 로크의 백지이론에 따르면 모든 개념과 표상은 감각적 수용에 의존하는 것으로서, 내적이고 본유적인 성격에 기인한 것이 아니다. 유인원에 대한 새로운 연구는 그러한 이론을 뒷받침해 주었다. 유인원은 인간과 형태학적으로는 물론 감각기관에서도 유사하다는 사실이 밝혀진 것이다. 이런 점에서 볼 때 유인원을 문화적으로 성숙된 시민과 인간 공동체의 일원이 되도록 교육할 수 있다는 생각이 다윈보다 훨씬 이전에 등장했다.

동물영혼에 대한 유물론적 논의와 연결되면서 로크의 감각주의는 인간과 동물의 비교를 통해 영혼의 능력을 다른 관점에서 보는 데 기여했다. 마르퀴스 다르겐스Marquis d'Argens는 『건전한 지성의 철학』[5]에서 농부와 철학자의 차이가 농부와 그의 개의 차이보다 더 크다고 주장하였다. 이에 따르면 개도 개념화하고 생각을 체계화하며 추론을 하는 세 가지 논리적 기능을 가지고 있다. 반데카르트적 논쟁에서 동물영혼은 물질 즉 뇌의 사고능력에 대한 증거가 되었다. 18세기 중엽에 유물론자 라메트리Julien Offray de La Mettrie는 동물과 마찬가지로 인간도 물질의 산물, 즉 뇌의 조직과 학습에 근거해서만 구별되는 '기계Maschine'로 묘사될 수 있다는 결론을 이끌어냈다.

감각주의와 유물론은 동물을 감각적 존재로 여기는 현대적 사고의 길을 열었다. 행동주의는 감각주의적인 학습이론의 전통을 고수하면서 동

---

5 La philosophie du bon sens.

물 존재론을 인식이론과 방법론의 관점으로 전환시켰다. 이에 따르면 동물의 외적인 행동behaviour에 대해 경험적으로 확인되는 관찰만이 학문적 객관성을 가진 것으로 인정되며, 그에 반해 내적 성찰에 근거해 인간과 동물의 영혼을 유비적으로 추론하는 태도는 방법적으로 문제가 있는 의인관으로 비판을 받는다. 동물감각에서 '환경Milieu'은 본질적으로 학습행동을 규정한다. 동물감각이라는 핵심개념은 동물을 반사기계Reflexmaschine로 여기는 생각과 연결되면서 환경에서 결정되는 학습 자동기계의 개념으로 발전된다. 이후 동물감각의 요소는 동물주체Tiersubjekt라는 개념으로 다시금 등장한다.

# 본능적 존재로서의 동물

20세기에 등장한 본능 개념을 가장 뚜렷하게 제시한 사람은 동물행동 연구자 콘라트 로렌츠[1]였다. 그는 본능을 핵심자극을 통해 일어나는 선천적인 행동기제로 이해한다. 본능 개념의 뿌리는 고대의 동물영혼론, 특히 자연적 욕구충족에 대한 스토아철학의 '오이케이오시스 이론Oikeiosis-lehre'에 바탕을 두고 있다. 그 이후부터 본능은 동물과 인간의 차이에 관한 논쟁에서 중심주제가 되었으며, 18세기에서는 철학적 인간학의 유행어가 되었다. 헤르더Herder는 『이념들』[2]에서 다음과 같은 말에 대해 비판한다. "사람들은 인간에게는 본능이 없으며, 이처럼 본능 없다는 사실이 그 종의 특징이라고 계속해서 말한다." 본능Instinkt[3]이란 용어는 18세기

---

1  Konrad Lorenz, 1903~1983.

2  Ideen, 1794.

3  이 용어는 중기 라틴어 instinctus에서 유래한다. 라틴어 instinguere는 '자극하다', '촉진하다'를 의미한다.

에 '자연충동Naturtrieb'이라는 독일어로 번역되었고, 이후 다양한 변화를 겪는다. 19세기에도 본능 개념은 많은 논란을 불러일으켰으며, 현대에 와서 리처드 도킨스와 같은 학자들이 제시한 유전자와 연관된 사회생물학적 동물 개념에서 배제되기에 이르렀다. 이때부터 본능은 '말하는 행동의 함수적 정의function talk', 다시 말해 동물의 행동 함수에 대한 현대적 논의에서 인식론적인 물음, 즉 '동물에게 합목적적인 선천적 행동이 있는가? 그런 것이 있다면 어느 정도로 있는가?'를 통해 설명되었다.

그렇다면 본능이란 무엇인가? 칸트에 따르면, 본능은 "아직 개념을 가지고 있지 않은 어떤 것(동물에서의 예술충동처럼)을 하거나 즐기려는 느낌의 욕망"이다.[4] 생물학자 로렌츠는 19세기 말에 목적론적 심리학자(목적주의자)가 속해 있는 다양한 학파가 동물의 선천적 행동방식에 주목하면서도 '본능'의 토대에 관한 논의를 회피하고, 자연 밖에서 설명을 하려는 개방적 태도를 취하고 있다고 비난했다.[5] 행동주의는 동물에 내재하는, 소위 합목적적인 '본능'의 존재를 문제 삼으며 목적론적 심리학자들에 반대한다.

---

4  W15; VI 29, 각주 참조.
5  Lorenz 1982.
   '예술충동'이란 표현은 동물의 본능을 나타내는 개념으로 사용된다. 라이마루스는 외적 자극으로 인한 감각적 쾌와 고통으로만 동물의 행동을 충분히 설명할 수 없기 때문에 이 표현을 사용한다. 예를 들어 새의 어미가 둥지를 만들고 새끼를 보호하는 행위는 본유적이고 학습되지 않은 충동과 같은 것으로서 예술충동에 해당된다. ― 역주 현대 행동이론에서는 본능 개념을 거부한다. 여기에는 스토아철학의 본능 개념(오이케이오시스 이론)에 담긴 '자연의 섭리providentia naturae'라는 형이상학적이고 목적론적인 전제가 있기 때문이다. 오이케이오시스 이론에 따르면, 이성이 없는 동물은 이성적인 자연을 따르는 자연적 경향으로서의 '본능'을 목적에 맞게 보유하고 있다. 그런 점에서 동물은 모든 경험 이전에 자기보존1차 오이케이오시스 및 번식과 혈통관리를 통한 자기 종의 안정2차 오이케이오시스을 위해 자신에게 적합한 것을 인식할 수 있다.[6] 이런 방식으로 목적론적 자연철학은 본능이론을 구축했다. 이 이론은 스콜라철학에서 창조적 목적론으로 변형되었고, 18세기에는 결국 물리신학Pysikotheologie으로 대체되었다.[7] 이에 따르면 동물의 본능은 신에 의해 합목적적으로 설계된 자연을 증명하는 것이다. 이에 대해서는 초기 영향력 있는 동물행동학에 관해 저술한 사무엘 라이마루스[8]의 책 제목, 『동물의 충동에 관한 일반적 고찰. 동물의 예술충동을 중심으로. 세계, 창조자, 우리 자신의 연관에 관한 인식에 대하여』[9]가 잘 보여준다.

그런 점에서 찰스 다윈은 결과적으로 이러한 본능이론을 현대에 전달해주고 있다고 할 수 있다. 오늘날 본능이론은 점차 탈목적론의 형태로 발전하였다. 이에 따르면 타고난 종적 특수성의 행동방식들은 자연선택

---

6 L4; X 1202.

7 근대 자연신학은 물리신학과 윤리신학으로 나뉜다. 전자는 신의 예지를 자연의 질서와 완전성의 원리로 이해하고, 후자는 도덕적 질서와 완전성의 원리로 여긴다. — 역주

8 Hermann Samuel Reimarus, 1694~1768.

9 Allgemeine Betrachtungen über die Triebe der Thiere. Hauptsächlich über ihre Kunstriebe. Zur Erkenntniß des Zusammenhanges der Welt, des Schöpfers, und unser selbst, 1760.

에 의해 설명되는 것이다. 이러한 설명은 콘라트 로렌츠의 비교 행동연구와 연결된다.

목적에 대한 주관적 추론을 중시했던 고전 동물심리학에서 실험적 행동연구로 넘어가는 기나긴 과정에서 로렌츠는 야콥 폰 윅스퀼의 환경이론에 영감을 받아, 오스카 하인로트Oskar Heinroth가 제시한 '종에 따른 충동행동'이라는 개념을 세 가지 구성요소로 나누어 설명하였다. ① 다양한 욕구행동(충동만족을 목적으로 하는 충동적 행동), ② 행동유발 기제, ③ 틀에 박힌 '충동만족의 목적행동'이 그것이다. 이러한 분류에 따르는 설명을 통해 로렌츠는 학습행동과 본능행동의 연속성을 주장하는 이론을 거부한다. 『야생 거위의 알 굴리기에서 추성과 본능행동』[10]의 저자 니콜라스 틴베르헌[11]과 함께 로렌츠는 그 유형에 따라 '선천적 유발기제', '핵심자극', '유전적 조정력'과 같은 새로운 전문용어를 만들면서 비교 동물행동학을 위한 길을 개척하였다. 이렇게 행동주의와 목적론적 심리학 사이에 있었던 오랜 논쟁은 마무리되었다. 그럼에도 『동물의 본능과 경험을 통한 구조 변화』[12]의 저자 요한 A. 비렌스 드 한Johan A. Bierens de Haan은 본능 개념에 여전히 설명 불가능하고 오류를 발견할 수 없는 신비로운 힘이 있다고 여긴다.

---

10  Taxis und Instinkthandlung in der Eirollbewegung der Graugans, 1938.
11  Nikolaas Tinbergen, 1907~1988.
12  Die tierischen Instinkte und ihr Umbau durch Erfahrung, 1940.

본능 개념이 동물과 인간에 대한 철학적 논의에 등장할 때마다 우리는 어쩔 수 없이 복잡한 논쟁을 마주하게 된다. 본능 개념은 동물심리학의 분과에서처럼 생물학에서도 기피되었다. 이전과 마찬가지로 생물학은 『인간』[13]의 저자 아놀드 겔렌Arnold Gehlen 이후 철학에서도 인간의 특징을 드러내는 데 기여하였다. 그의 저서에서 인간은 '본능축소' 또는 '결핍존재'로 언급된다. 겔렌은 지능과 본능을 단계적 관계로 고려하는 막스 셸러Max Scheler에 반대되는 입장에서 본능 개념을 제시한다. 오늘날 본능 개념을 인간에 적용하는 로렌츠의 이론은 철학에서 비판을 받고 있을 뿐만 아니라 본능적 운동을 분석한 그의 동물행동학도 생물학에서 문제가 되고 있다.[14]

현대 신경행동학과 사회생물학은 호르몬 작용의 사례에서 볼 수 있는 기능적이고 생리학적인 인과분석에 더 치중하고 있으며, 폐쇄적 행동과 개방적 행동의 프로그램 중에서 선택적으로 이점이 있는 것에 집중한다. 사회생물학의 관점에서 소위 종을 보존하려는 '본능'은 이타주의에 있는 것이 아니다. 오히려 존 매이너드 스미스John Maynard Smith가 말하는 "진화론적으로 안정된 행동전략"과 밀접하게 연결되어 있다. 이것은 자연선택에 의해 유전자 속에 고착된 것으로서 리처드 도킨슨이 말하는 유전자의 '이기주의'로 이해될 수 있다. 생물학은 종 개념을 자연선택에 바탕을 두고 있는 통일체로 여기기 때문에 본능 개념도 동시에 거부한다. 이

---

13  Der Mensch, 1940.

14  H.-M. Zippelius: 『잘못된 이론(Die vermessene Theorie)』, 1992.

러한 방식으로 사회생물학은 유기체에 대한 철학적 목적론에서 합목적적인 것처럼 보이는 동물과 인간의 선천적 행동을 전적으로 부정한다.

　본능에 대한 생명철학적 이론은 기능적 분석, 목적론, 목적법칙에 대한 새로운 논의를 불러일으켰다. 이에 따르면 특정한 종의 목적에서 나타나는 동물의 행동은 개방적이고 발생적인 프로그램의 산물로서 해석되기에 이른다. 그 산물은 계통발생적 선택과정에서 획득되고, 의식적으로 목적을 설정한 것이 아니라 목적법칙에 따라<sub>teleonom</sub> 표현된 것이다. 이런 내용을 가진 본능 개념은 인간과 동물에게 각기 분리시켜 적용할 수 없는 개념이다. 이러한 입장은 일차적으로 결정된 행동과 반응 또는 기능을 중시한다. 그러나 그러한 것들이 '내적' 표상, 지각, 감각에 의해 동반되는지의 여부 및 그 정도에 대한 물음을 여전히 남겨놓고 있다.

　스토아철학자, 스콜라철학자, 라이마루스<sub>Reimarus</sub>는 동물이 본질적으로 본능, 즉 '예술충동'에 의해 움직이지만 그럼에도 내적 감각을 여전히 가지고 있다고 여겼다. 현대 사회생물학에서도 이와 유사한 주장을 하고 있다. 내적 감각을 인정할 경우 동물에게 온전히 감각적 삶을 부여할 수 있고, 특히 고등동물을 결정된 자동기계라고 교조적으로 설명할 필요가 없기 때문이다. 그러나 본능 개념에 대한 철학과 생물학의 입장에서 알 수 있는 것처럼 일상적 언어에서도 이 개념은 이전과 마찬가지로 고유한 의미를 가지고 있으며, 지속적인 설명과 평가를 요구하고 있다.[15]

---

15　Historisches und critisches Wörterbuch. W3: Bd. IV, 항목 "Rorarius".

# 자동기계로서의 동물

동물을 자동기계Automat로 여기는 것은 언뜻 보기에도 납득이 잘 되지 않으며, 심지어 거부감조차 불러일으킬 수 있다. 그러나 이러한 동물 개념은 아주 다른 이유에서 발전되었다. 일반적으로 르네 데카르트[1]가 원조로 알려져 있지만 실은 그 이전에 스페인 출신 의사 고메즈 페레이라[2]가 『안토니아나 마가리타』[3]에서 동물은 어떤 감각적 영혼도 없다는 주장을 하여 비판받은 바 있었다. 그러나 그의 책은 피에르 벨Pierre Bayle이 『역사 문헌비평사전』[4]에서 관련된 주제를 다루면서 라이프니츠[5]가 감

---

1　René Descartes, 1596~1650.

2　Gomez Pereira, 1500~1558.

3　Antoniana Margarita, 1554.

4　Historisches und critisches Wörterbuch. W3: Bd. IV, 항목 "Rorarius".

5　Gottfried Wilhelm Leibniz, 1646~1716.
　　라이프니츠는 존재하는 모든 것을 지각(표상력)과 욕구를 가진 정신적 단자(Monade)로 설명한다. 물체는 잠자는 정신을 가진 단자이며, 동물영혼은 기억과 의식적 표현을 하는 단자이다. 인간은 보편적 인식을 할 수 있는 정신을 가진 단자이다. 이러한 유한한 단자를 넘어 최고의 정신

각 능력을 갖춘 동물영혼에 관한 논의를 펼치는 동안에는 주목을 받지 못했다. 라이프니츠의 입장은 오늘날까지 다양하게 변화된 신데카르트적 입장에서도 여전히 힘을 가지고 있다. 이는 자동기계에 대한 주장을 강하게 변호하면 할수록 관련된 동물이 한층 더 '하위의 것'으로 전락하게 되는 것에서도 알 수 있다.

동물 자동기계론의 주장을 보다 잘 이해하기 위해서는 동시대인들이 인간의 운동이나 음악을 연주하는 정교한 자동기계의 신통한 힘을 어떻게 생각했는지를 알 필요가 있다.[6] 그러한 사례로 천문시계를 비롯한 시계가 보여주는 놀라운 능력을 들 수 있다. 이와 관련하여 데카르트가 『방법서설』[7]에서 한 말은 아주 인상 깊게 들린다. "우리는 단순히 톱니바퀴와 태엽으로 이루어진 시계장치가 우리가 영리하게 시간을 헤아리고 재는 것보다 더 정확하다는 것을 분명히 알고 있다." 이러한 생각에 근거하여 그는 동물을 자동기계에 비교하는 가설을 세운다. 이때 데카르트가 염두에 둔 것은 실제로 인간이 만든 인위적인 자동기계가 아니라, 이상적으로 생각할 수 있는 '생명을 보유하고 있는 자연적 자동기계'이다. 그것은 인간적인 기계가 아니라, 자연법칙을 따르는 '신적인 기계'인 것이

---

을 가진 단자가 신이다. 이런 점에서 라이프니츠는 동물을 자동기계로 보는 데카르트와 반대의 입장을 취한다. — 역주

6  Heckmann 1982, 참조.

7  Discours de la Méthode, 1637.

다.[8] 데카르트에게 기계학의 법칙은 자연의 법칙이었다. 입자들 사이에 압력과 저항을 통해 직접 전달되는 힘(근거리 작용력)은 동물기계를 지속적으로 운동하게 하며, 체액을 돌리고 몸의 각 부위를 마네킹처럼 움직이게 한다. 식물이 줄기와 가지로 수액을 조달하는 것도 이러한 힘이다. 이렇게 본다면 1628년에 이미 혈액순환을 발견한 윌리엄 하비[9]가 심장을 일종의 펌프와 같다고 생각하는 것은 당연하지 않았겠는가!

19세기 말에 많은 성과를 거둔 화학의 패러다임을 통해 제시된 다른 자연법칙과 힘도 동물 자동기계론과 연결되었다. 생물학적 '기계주의자'들은 동물을 물리화학적 상호작용으로 여겼다. 그들은 유기체를 실험실의 자동기계로 생각했다. 그들 중에 자크 러브[10]는 생리학적 굴성이론 Tropismenlehre을 정립하고, 그에 기초하여 동물의 운동을 생물학적 반사활동과 자동기계론으로 설명하려고 시도했다. 빌헬름 루[11]와 같은 태생학자Embryologe도 생명의 '기계론'을 수장했나. 20세기 말에 이러한 기계론은 뇌에서 일어나는 전자기적 상호작용과 연결되었다. 전자기적 상호작용은 신경에 의해 조정되는 지각기제와 운동기제 또는 정신적 '표상 Repräsentation'의 생산을 위한 물리학적 토대가 된다.

사실상 의문시되는 것은 동물을 설명하기 위해 제시된 기계적인 단초

8   Sutter 1988.
9   William Harvey, 1578~1657.
10   Jacques Loeb, 1859~1924.
11   Wilhelm Roux, 1850~1924.

들이 아니었다. 오히려 그러한 단초들과 연관된 내적 감각활동, 지각활동 또는 표상활동에 대한 데카르트의 주장이었다.[12] 그럼에도 불구하고 데카르트의 주장은 이후에도 계속되었다

데카르트 이후 영혼은 더 이상 아리스토텔레스가 말하는 생명의 비물질적 운동원리가 아니다. 영혼은 의식의 원리, 다시 말해 비물질적인 사고내용을 위한 그릇일 뿐이다. 의식하는 영혼은 물리학적 근거로 인해 '생각의 내용을 가지고 있지 않은' 동물에게는 쓸모없는 것이다. 왜냐하면 영혼이 '기계적으로' 작동할 수는 없기 때문이다. 어떻게 비물질적인 것이 물질적인 입자들을 기계에서 작동시키며 그것에 생명을 불어넣을 수 있겠는가? 이러한 심신이론의 문제는 데카르트 이후 인간에 대해서만 다루어졌다. 결과적으로 비물질적 영혼은 데카르트의 방법적 명증성에 근거하여 물질적인 인간기계에게만 사유하는 사물res cogitans로서 인정되었다. 이에 반해 동물은 데카르트적 의미에서의 자동기계로서, 내적으로 생명이 없으며 동시에 감각도 없는 것으로 여겨진다. 왜냐하면 동물의 운동은 철저하게 다양한 종류의 입자들 사이에서 근거리 작용력에 의해 움직이는 연장을 가진 사물res extensa이기 때문이다.

이처럼 유기체를 자동기계로 설명하는 것은 "영혼이 없는 생명은 없다"고 한 아리스토텔레스와 스콜라철학의 주장에 반하는 것이다. 따라서 동물 자동기계의 주장은 단순히 교리적인 주장이 아니라 방법론적으

---

12  Radner 1989, 참조.

로 반성된 '기계론적' 자연 개념의 결과로 보아야 한다. 이 개념은 아리스토텔레스적 목적론의 원리를 배제하고, 수학적으로 모든 것을 양, 수, 무게에 따라 설명하려는 것이다.

고전적 데카르트주의는 법적, 윤리적, 인간학적, 신학적 근본물음에도 영향을 미쳤다. 데카르트주의를 영국에 널리 알린 프란시스 교단의 앙투안 르 그랑[13]은 『동물의 감각과 지성 결핍에 관한 논고』[14]에서 동물영혼에 대한 물음과 자연철학에 머물러 있는 아리스토텔레스주의자들과 플라톤주의자들을 반박한다. 그는 데카르트의 엄격한 이원론을 통해 세계 질서 및 인간과 동물의 차이를 수호하는 동시에 인간을 위협하는 유물론을 거부한다. 이미 데카르트는 소위 인간과 동물의 평등성에 대한 위험을 연장을 가진 사물과 사유하는 사물로 나누는 이원론을 통해 방지하였다. 인간이 동물과 같은 자동기계라고 한다면 우리는 "이 생명 이후에 오는 어떤 것도 두려워하지도 소망하지도 않을 것이며, 파리와 개미보다도 못할" 것이기 때문이다.[15]

그러나 동물 자동기계론은 17세기 중반에 개신교 신학자인 장 다르망송Jean Darmanson이 보여준 것처럼 인간학적으로도 목적론적으로도 유리한 점이 있을 수 있다. 계몽주의자 피에르 벨Pierre Bayle은 다르망송의 데카르트적 변신론을 앞서 언급한 그의 사전에 수록된 '로라리우스Rorarius'

---

13 Antoine Le Grand, 1629~1699.

14 Dissertation de carentia sensus et cognitionis in brutis, 1675. W1.

15 W6: Kap. V.

항목에서 다음과 같이 요약하고 있다. "우리는 동물을 어떻게 대하는가? 우리는 즐거움을 위해 동물들을 갈기갈기 찢고, 영양공급을 위해 교살하고, 단순히 호기심을 만족시키기 위해 살아 있는 채로 내장을 파헤친다. 신이 우리에게 부여한 동물 지배권 덕분에 우리는 이 모든 것을 할 수 있다. …… 죄 없는 영혼을 수많은 재난에 빠지게 하는 것은 끔찍한 일이며 올바른 것이 아니지 않은가? 그러나 인간은 데카르트의 이론 덕분에 그러한 모든 문제로부터 자유로워졌다."[16]

동물 자동기계론은 많은 계몽주의자에게도 영향을 주었다. 베르나르드 퐁트넬[17]이 『기억』[18]에서 전해주는 예화는 아주 유명하다. 니콜라드 말브랑슈[19]가 고통을 느끼지 못하는 임신한 암캐를 뒤따라가며 동물 자동기계론을 정당화하는 장면에 관한 것이다. 니콜라스 퐁테인Nicolas Fontaine도 1700년경 포르루아얄Port-Royal의 유명한 의학학교에서 직접 관찰한 개의 생체해부에 대해 묘사하고 있다. 거기에는 당시 중요한 주제였던 생체의 혈액순환을 더 깊이 연구하기 위해 네 발이 못에 박힌 상태의 개가 등장한다. 데카르트의 방법에서 이것은 문제가 될 수 없는 것이었다. "그들은 동물은 시계이며, 동물이 맞을 때 지르는 비명은 작은 태엽

---

16  W3: IV 79.
17  Bernard de Fontenelle, 1657~1757.
18  Erinnerungen.
19  Nicolas de Malebranche, 1638~1715.

의 소음일 뿐이고 몸 전체는 느낌이 없다고 말했다."[20] 심지어 생체해부는 물리신학에 의해서도 정당화되었다.[21] 그러나 퐁테인의 관찰에서 데카르트주의가 연구윤리에 영향을 주었다는 사실도 증명해주고 있다.

독일의 초기 계몽주의와 법철학을 대표하는 저명한 학자 크리스찬 토마지우스[22]는 '동물을 배려하는' 의무에 대해 숙고하면서, 칸트가 말하는 '양심의 세속화'를 위한 길을 앞서 준비하였다. 뿐만 아니라 그는 동물영혼에 대한 물음을 합리적이고―벨이 논의했던 것처럼―비신학적으로 다루기를 원했다. 데카르트의 패러다임을 고수하면서 토마지우스는 동물의 감성을 이성의 물음과 밀접하게 연결시켰다. 그는 동물에게 '나'를 의식하는 이성 없이는 생각할 수 없는 내적 경험이 결여되어 있다고 보았다. 이러한 이론적 전제는 동물의 법적 지위와도 연결되었다. 이에 따르면 이성이 결여된 동물은 의무를 가질 수 없다. 따라서 인간은 동물에 대한 간접적 의무는 있지만 직접적인 의무를 가질 필요가 없다[23]는 것이다. 이는 당시 데카르트의 이론을 통해 정당화한 고대 스토아철학의 논증처럼 보인다.

---

20  재인용, Sutter 1988, 250.

21  Guerrini, 1989, 참조.

22  Christian Thomasius, 1655~1728.

23  이성을 결여하고 있는 동물에 대한 배려와 관련된 직접적 의무와 간접적 의무에 대해서는 뒤에 나오는 칸트를 참조할 것. ― 역주

동물 자동기계론과 연관된 또 다른 철학적 문제는 오늘날의 기준에 있어서 개별적인 '주체'에게만 직접 주어질 수 있는 내적 지각, 감각, 느낌에 대한 증명과 관련된 것이다. 사람들은 내적인 질적 상태, 예컨대 빨강에 대한 지각에서 주어지는 감각질Qualia을 동물과 인간에게서 기록할 수 있는 다소 특정한 신경활동의 구조와 연결할 수 있으며, 그로부터 주관의 내적 상태와 객관화할 수 있는 외부세계 사건 간의 일치에 대해서 말할 수 있다. 그러나 아직 양자 사이의 동일성 또는 인과성을 확실하게 증명하지는 못한다. '객관적' 자료를 주관적 내면과 연결할 때 현상적으로 직접 주어지는 상관적 요소Korrelat는 측량할 수 없고, 동물의 경우에는 객관화할 수 있는 상관적 요소가 증명될 때만 유추를 통해 밝혀질 수 있다.

'의식'이 무엇인가에 대해서 우리는 그것을 가지고 있을 때야 비로소 알게 된다. 그러므로 인위적인 것이든 자연적인 것이든 자동기계 속에 있는 의식은 다양한 측면에서 다루어질 수 있는 철학의 핵심문제이다.[24] 특히 이로부터 인식론적 물음이 생겨난다. 동물이 자동기계인지 아닌지에 대한 물음은 데카르트적 세계에서는 결론을 내릴 수 없다. 사람들은 그때마다의 개별적인 자기경험에서 — 데카르트가 주장한 — 선천적 관념을 가진 특별한 비물질적 실체, "기계 속에 있는 유령"[25], 비물질적인 사유하는 사물이 있다는 사실을 확인할 수 있다. 사유하는 사물에서 능동적으로 활동하는 이성, "나는 생각한다"가 살아있는 인간의 보편적 도구로서 발원

---

24  Herrmann et. al. 2005.
25  Ryle, 1949.

한다. 그러나 동물 자동기계론에는 고전적 데카르트주의자가 주장하는 것과 유사한 정신은 없다. 따라서 동물은 실제로 자신이 쾌와 고통을 가지는 존재인지를 전혀 파악할 수 없다. 동물은 자아에 대한 어떤 개념도 가지지 않기 때문에 자신이 고통을 가지는 존재인지를 알지 못한다.

놀라운 것은 날카로운 통찰력을 가진 철학자들이 여전히 데카르트와 유사한 방식으로 인간에게 당연한 것으로 인정되는 '사고', '언어'(도날드 데이비슨), '현상적 의식'(피터 카루더스), '이익'을 얻을 수 있는 능력(레이몬드 프레이)을 동물에게서 주장하고 있다는 사실이다.[26] 극단적이고 예외적인 입장이라고도 할 수 있지만 이러한 주장들은 윤리적으로 중요한 함의를 제공한다.

카루더스는 『동물의 문제』[27]에서 신데카르트적 단초를 가지고 동물의 '정신이론'뿐만 아니라 현상적 의식과 주체성을 주장하였다. 데카르트의 이론을 고수하는 다른 인식론자들과 마찬가지로 카루더스는 감각질에 대한 토머스 네이글Thomas Nagel의 연구를 '신비주의적' 숙고라고 비판하면서, 자연주의적인 인지적 접근을 통해서만 동물에게 어떤 의식도 인정할 수 없다고 주장하는 무비판적 의식이론으로 간주한다. 카루더스는 치즈 냄새를 맡는 것이 고양이 또는 쥐에게 어떤 의미가 있는지를 안다고 생각하는 사람은 자신의 1인칭 관점만을 이들의 내적인 삶에 투

---

26  Q5: 76–91.

27  The Animals Issue, 1992.

사한다고 여긴다. 이때 우리가 우리의 현상적 의식과 우리의 주체성에서 할 수 있는 우리의 경험에 지속적으로 머물러 있다는 사실은 간과된다는 것이다. 몇 년 후1988년에 그는 표상을 고양이 또는 쥐에게 투사하는 것은 의인관이며, 이들의 행동을 설명하기에는 적합하지 않은 방법이라고 강조했다. 이후에도2004년 카루더스는 동물에게 어떤 현상적 의식은 아니지만 주체성이 없는 고통과 괴로움의 가능성은 있을 수 있다고 보았다. 이러한 사례들은 데카르트의 동물 자동기계론이 계속해서 철학적으로 유효하다는 것을 보여준다.

# 주체로서의 동물

주체성을 가진 실체에 대해 묻는 동물철학의 주체이론들은 이런저런 방식의 유물론적 동물 자동기계론 아니면 영혼을 주제로 하는 형이상학의 난제에 연루되어 있다. 다음에 소개할 동물주체에 관한 생물학과 철학의 고전적 입장들은 먼저 실체적 속성에 관해 묻지 않고, 대부분 단순하게 고등동물을 감각적 존재로 인정하는 입장에서부터 출발한다. 감각을 가진 존재는 경험을 수집하고, 내적으로 기쁨, 쾌, 불안 또는 고통과 같은 체험―비록 이 체험은 외적으로 인간의 관찰에 드러나지 않거나 간접적으로만, 예컨대 흉내, 몸짓 또는 소리로 지각될 수 있을지라도―을 할 수 있다.

고전적 철학에서 주체성은 항상 특별한 계기들과 연결되어 있었다. 라이프니츠의 모나드monad, 단자 개념은, 내적인 것은 닫힌 통일성의 형태로 체험되거나 표상될 수 있다는 것을 보여준다. 칸트와 신칸트주의자들은 주체성을 선험적이고 초월적인 경험의 특별한 구조적 조건, 즉 주관의 직관적 형식으로서의 공간과 시간, 그리고 지성의 범주와 연결시킨다. 그로 인해 주체, 즉 자아는 인식활동의 중심에 놓인다. 이러한 주체의 표상적 계기에 생물학적 배경, 즉 비교 감각생리학에서 나온 고전적인 동물주체성의 모델이 연결된다. 그것이 바로 야콥 폰 윅스퀼[1]이 제시한 동물주체성의 환경세계 모델Umwelt–Model이다. 이 모델에서 동물주체의 '환경세계', 정확히 말해서 동물이 가지는 특정한 종의 자기세계는 경험적으로는 감각생리학적 실험에, 생물학적 이론으로는 '기능회로Funktionskreis'에 기초한 것이다.

윅스퀼의 개념은 생물학적 성과와 함께 철학적 성과를 이끌어냈다. 그리고 경험적 행동연구만이 아니라 행동을 철학적으로 연구할 수 있도록 하는 흔적을 남겼다. 로렌츠의 고전적 연구가 바로 그러한 흔적 중의 하나이다. 이와 관련된 저서로는 『현대 생물학의 빛에서 본 칸트의 선험론』[2], 『거울의 뒷면』[3]이 있다. 나아가 인간의 인식적 세계를 '중간세계Mesokosmos' 또는 '인간의 인지적 최소 환경'[4]으로 특징짓는 로렌츠의 진화론적 인식론도 그러한 흔적의 최종적 결과라고 할 수 있다. 또한 윅스퀼의 개념은 현대의 다른 유기체 개념, 즉 생명체를 '자기생산 기계autopoietische Maschine'로 보는 움베르토 마투라나Humberto Maturana의 견

---

1 Jakob von Uexküll, 1864~1944.

2 Kants Lehre vom Apriorischen im Lichte der gegenwärtigen Biologie, 1941.

3 Rückseite des Spiegels, 1973.

4 Vollmer in Lorenz/Wuketits 1983, 51.

해와 연결시키는 다리가 될 수 있다. 왜냐하면 윅스퀼의 기능회로는 동물을 피드백의 규칙적 순환과 신경학적 관점에서 작동하는 폐쇄적 기능의 통일체로 해석할 수 있도록 하기 때문이다. 이를 통해 구조주의적으로 정초된 자기조직론의 토대를 가진 동물의 주체성은 물리학적으로도 해석될 수 있게 된다.

야콥 폰 윅스퀼의 생물학적 환경세계론은 철학에 뚜렷한 흔적을 남겼다. 그의 이론은 철학적 인간학에서 비판적 관점으로 수용되고 변형된 방식으로 통합되었다. 특히 윅스퀼의 이론은 동물의 폐쇄적 기능회로와는 뚜렷한 경계를 보여주는 인간의 '세계개방성Weltoffenheit'이라는 막스 셸러Max Scheler의 개념에 반영되었고, '중심적 입지성zentrische Positonalität'의 이념을 통해 동물을 생명철학적 현상학 안에 편입시키려는 헬무트 플레스너의 시도와도 연결되었으며, 마지막으로 아놀드 겔렌에 의해 생물학적으로 재해석되기도 하였다. 또한 윅스퀼의 이론은 동물 주체를 변형시켜 환경이론을 제시하는 한스 요나스의 사상에도 영향을 미쳤다. 무엇보다도 요나스는 『유기체와 자유』[5]에서 동물을 아주 새로운 자연철학의 관점에서 보려는 시도를 했다. 그밖에도 윅스퀼의 환경세계론과 의미론은 현대 '동물기호학Zoosemiotik'에서도 성과를 거두고 있다.[6] 전통적인 동물철학과 함께 윅스퀼의 혁신적인 단초에 뿌리를 두고

---

5  Organismus und Freiheit, 1973.
6  Deely 1990.

있는 플레스너와 요나스의 새로운 규정은 현대 인식론적 논쟁에 돌입하기 위해 다음에 보다 상세하게 소개될 것이다. 윅스퀼, 플레스너, 요나스에서 특징적인 것은 이들이 철학—특히 현상학과 자연철학—과 생물학을 서로 연결시키고 있다는 점이다.


## 야콥 폰 윅스퀼: 환경세계와 기능회로

"시각적으로 표현한다면 모든 동물주체는 집게의 양쪽 부분—지각부Merkgliede와 작용부Wirkgliede—을 가지고 객체를 공격한다." 이렇게 윅스퀼은 대중적인 소책자 『동물과 인간의 환경세계에 대한 탐구』[7]에서 '기능회로'를 설명한다.[8] 윅스퀼은 1900년경 '동물영혼을 둘러싼 논쟁'에서 이론적 의인관의 동물심리학은 물론, 자동기계론과 행동주의와 단호

---

7  J. v. Uexküll, G. Kriszat: Streifzüge durch die Umwelten von Tieren und Menschen. 1934, 6.
8  윅스퀼의 기능회로는 다음과 같다. — 역주

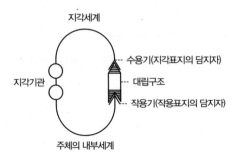

하게 결별한다. 처음부터 그는 '감각기관'이라는 말 대신에 객관화하는 신경생리학의 학술적 용어인 '수용기관Rezeptionsorgan'이라는 표현을 집요하게 주장한다. 동물생리학자로서 윅스퀼은 동물의 지각이라는 표현에서 나타나는 심리학적 연관성을 피한다. 동물의 내적 활동, 예컨대 이리저리 헤매며 다니는 개미의 '불안'에 대한 동물심리학의 귀납적 추론은 동물과 인간의 잘못된 동일화라는 점에서 거부된다. 그렇지만 생물학적 설명은 기계적 감각생리학을 넘어선 기능 개념에 의존하고 있다. 생물학은 유기체의 전체적 삶, 특히 영양공급과 번식이라는 핵심적인 과제를 파악하기 위해 기관의 기능에 관해 물어야 한다.

『동물의 환경세계와 내부세계』[9]에서 동물주체와 기능회로에 대한 윅스퀼의 이해는 확장된다. 출발점을 형성하는 것은 동물에서 감각의 조직Sinnesorganisation이다. 이것을 통해 모든 동물─진드기에서 인간에 이르기까지─은 자신의 환경세계에 적응한다. "보는 동물은 외부세계의 일반적인 영향에서 형성된 자신의 고유한 구조 덕분에 특정한 자극을 선택하며 그 자극에 특정한 방식으로 대응하는 주체이다."[10] 동물의 행동은 오로지 동물에게 고유한 주체적 환경세계에서, 즉 그에게 고유한 감각기관을 통해 전달되는 특정한 종의 자기세계에서 이해될 수 있다. 예컨대 진드기는 '지각기관Merkorgan'과 '작용기관Werkorgan'을 갖추고 있다. 진

---

9  Umwelt und Innenwelt der Tiere, 1909.
10  Uexküll 1973, 150.

드기는 지각기관을 통해 수용기$_{\text{Receptoren}}$를 통과하는 광각과 후각의 자극을 받는다. 가령 포유류의 낙산$_{\text{酪酸}}$, $_{\text{Buttersäure}}$과 같은 '객체'의 '지각표지$_{\text{Merkmal}}$'를 확인하고, '지각세계$_{\text{Merkwelt}}$'를 형성할 수 있다. 그리고 진드기는 '작용기관', 즉 '작용기$_{\text{Effektoren}}$'도 사용할 수 있다. 그것을 통해 진드기는 '객체'를 공격하여 자신의 침으로 구멍을 내고 '지각표지', 즉 상처를 내어 피를 빨아먹고 산다. 다시 말해 지각부와 작용부에 의해 자신의 생명에 중요한 객체, 이 경우에는 포유동물이 집게에 잡힌다. 따라서 '수용기'와 '작용기' 사이의 기능회로는 객체를 통해 연결된다. 이때 지각세계와 작용세계가 '주체의 내부세계'를 거쳐 매개된다.[11] 이런 의미에서 먹이포획, 번식, 도망 등과 같은 행동이 펼쳐지는 동물의 생명회로가 완결된다.

윅스퀼에 따르면 모든 동물주체는 자신의 특정한 조직, 구조설계, 욕구에 근거하여 필요한 자극의 연합을 선택하는 기계를 넘어서는 조정과정이 중요하다. 그런 점에서 동물의 행동은 동물주체라는 관점에서만 이해될 수 있는 것이다. "각각의 동물은 독립적인 주체로서 마주하고 있는 자기 환경세계의 중심점을 형성한다."[12] 주체로서 동물은 주체적 공간, 주체적 시간, 생명의 리듬을 가진 일종의 모나드로서, '의미'를 가진 감각자료가 그 안으로 옮겨진다.

---

11  Uexküll, Kriszat 1934, 7.
12  Uexküll 1921, 218.

그러므로 동물은 단순히 '환경'에 의해 수동적이고 기계적으로 움직이는 것이 아니라, 자신에게 고유한 주체적 환경세계로부터 능동적으로 조정된다. 이와 함께 동물에게서 경험될 수 있는 형식, 색깔, 향기, 소리, 나아가 쾌와 고통을 가진 '주체의 내부세계'도 드러난다. 진드기, 파리, 개는 이때 각기 고유한 세계를 가지며, 진드기는 진드기의 사물을, 파리는 파리의 사물을, 개는 개의 사물을 본다. 왜냐하면 이 사물들은 각기 동물주체의 생명에서 하나의 생물학적 기능을 가지기 때문이다. 이렇게 본다면 동물주체를 위한 하나의 공간과 하나의 시간이 있을 뿐만 아니라 각각의 동물주체를 위한 각각의 사물들은 각기 고유한 의미를 갖는다. 그렇기 때문에 윅스퀼은 결국 인식적 다원주의, 즉 궁극적으로 인간도 포함하는 '동물을 위한 칸트'에 도달한다.

윅스퀼은 동물주체라는 개념을 새롭게 정초하고, 다시금 그것을 진지한 연구대상으로 만들었다. 이러한 동물의 모델을 아무런 반성도 없이 인간에게 옮겨놓는 것에 대해 일찍이 생물학자 아돌프 포르트만Adolf Portmann과 철학자이자 생물학자인 헬무트 플레스너Helmuth Plessner가 비판한 바 있다. 그러나 여기에서는 플레스너가 『유기체의 단계와 인간』[13]에서 증명하고 있는 동물철학의 성과에 대해서만 다룰 것이다.

---

13  Die Stufen des Organischen und der Mensch, 1928.

## 헬무트 플레스너의 '중심적 입지성'

플레스너[14]의 생명철학이 제시하는 체계의 출발점은 유기체의 이중적 측면이다. 플레스너는 모든 생명체가 외적 측면과 함께 내적 측면을 가진다고 생각한다. 그는 데카르트의 이원론을 극복하기 위해 '입지성 Positonalität'의 개념을 구상하고, 그것을 통해 내적 관점과 외적 관점을 연결한다. 생명체의 특수한 현존형식Daseinsform은 입지성을 통해 특징지어진다. 이 입지성에서 유기체에서 일어나는 자기 안으로 향한 법칙성과 자기를 넘어가는 법칙성이 해명될 수 있다.

플레스너의 철학이 가진 또 다른 핵심개념은 경계Grenze이다. 유기체는 경계를 현실화시키는 존재이다. 세포막 또는 피부는 외적 공간과의 경계를 표시한다. 그러나 유기체의 내적 관점에서 드러나는 내적 측면의 경계도 있다. '경계'에서 역동적 형식의 발전, 부분과 전체의 매개라는 입지적 성격이 드러난다. 자기형성과 자기보전은 경계를 넘어서는 환경과 맺는 유기체의 교환을 포함한다. 입지성은 '입지환경Positionsfeld'에서 가능하며, 기관의 통일적 작용을 통해 매개된다. 입지환경에 개방된 기관을 통해 살아가는 육체는 입지환경과 맺는 기능적 연관 속에 놓여있다. 거기에서 특별한 연관, 즉 유기체가 자신의 공간에서 자신을 유지하는 생명회로 또는 기능회로가 생긴다. 이렇게 본다면 비록 변형된 형식

---

14  Helmuth Plessner, 1892~1985.

이지만 늦게라도 윅스퀼의 환경이론이 플레스너에게 영향을 끼쳤다는 것을 확인할 수 있다.

유기체는 한편으로 입지환경에 들어서 있으면서, 다른 한편으로 각각의 관점에 따라 그것에 마주하고 있다. 플레스너에 따르면 살아있는 육체의 경계에서 근본적인 변증법적 대립이 일어난다. 왜냐하면 경계는 우선 물리적 육체로서의 차단인 동시에 유기체로서의 개방성을 위한 것이기 때문이다. 이러한 대립의 해소는 유기체의 특수한 현존형식 속에서 수행된다. 우리는 추상적 구조분석에서 출발하여 유기체에 대한 플레스너의 구체적 분석으로 넘어갈 것이다.

플레스너에 따르면 입지적 존재―식물과 동물―는 특히 그 조직형식의 관점에서 구별된다. 그는 생물학자이며 철학자인 한스 드리쉬Hans Driesch와 함께 유기체의 개방적 형식과 폐쇄적 형식에 대해 말한다. 이러한 구분에서 일종의 '생명 일반의 본질법칙'이 밝혀진다. 식물은 본질적으로 개방적 조직형식의 성격을 갖고, 동물은 폐쇄적 조직형식의 성격을 갖는다. 각각의 기본유형은 자기형식을 넘어선 것을 차단하는 동시에 입지환경에 자신을 개방하는 근본적인 변증법적 대립을 고유한 방식으로 해소하고 있다. 그 실질적 내용을 현상학적으로 고찰해 본다면 동물과 식물은 본질적으로 조직적 근본유형에서 엄밀하게 구별된다. 그러나 경험적으로 본다면 점진적인 중간형식이 있다. 말미잘과 같이 장소에 고착된 동물이 그 예이다. 그러나 운동현상에서도 식물과 동물은 본질적 차이를 보여주지 않는다. 그 중에는 함수초처럼 움직이는 식물도 있기 때문이다.

오히려 운동현상은 조직형식의 차이에서 드러난다. 개방적 조직형식에서 식물은 외적 자극을 내적 감각으로 전달할 수 있는 심리적 중심을 가지지 않는다. "감각과 행동, 다시 말해 연합을 통해 변형될 수 있고, 중심으로 전달될 수 있는 운동은 개방적 형식의 본질과 대립한다."[15]

그렇다면 동물이란 무엇인가? "생명현상을 보여주는 유기체를 간접적으로 그의 환경에 편입시키고, 유기체를 그에 상응하는 생명회로의 독립적 단편으로 만드는 이러한 동물의 형식은 폐쇄적이다."[16] "감각운동의 도식, 즉 윅스퀼이 말한 '기능회로'는 폐쇄된 형식, 즉 동물의 조직에 관한 개념을 현실화시키는 가능 조건이다."[17] 이와 함께 초월적 현상학의 해석 방향이 제시된다. 기능회로의 개념에서 동물의 모든 본질적 표지를 드러내는 통일성이 이해되어야 한다. 다시 말해 기관과 기관체계에 대한 내적 측면을 형성하는 유형학적 표지, 종속영양의 물질대사에서 나타나는 생리학적 표지, 마지막으로 자극수용과 자극구성(감각), 자발적 자극운동과 결합한 충동과 의지적 자극의 출현의 심리적 표지가 이해되어야 한다. 감각의 통합적 힘을 통해 동물의 육체Körper는 '신체Leib'가 된다.[18]

---

15  Plessner 1975, 225.

16  Plessner 1975, 226.

17  Plessner 1975, 230.

18  현상학적 관점에서 육체와 신체는 구별된다. 육체는 물질적 측면만을 의미하지만 신체는 세계와 관계하는 활동적 측면을 포함한다. 플레스너는 유기체가 경험적으로 파악되는 육체의 생리학적인 경험적 조건을 넘어 능동적으로 심리적 작용을 하는 신체로의 이행을 제시하는 초월적 현상학을 통해 환경세계와 동물의 관계를 설명한다. ― 역주

이것은 동물의 심리적 중심에 생리학적 육체가 '신체'로 경험되는 심리적 중심이 등장함을 의미한다.

유기체와 환경세계를 도식적으로 보여주는 윅스퀼의 기능회로는 플레스너에서 동물의 현존형식을 해명하는 분석적 단서가 된다. "살아있는 육체는 자기 신체와 거리 속에서 매개Medium로서의 주위환경을 갖는다. 자기 신체와의 분리는 그것과 분리된 존재, 즉 주위환경과의 접촉을 가능하게 한다. 육체는 주위환경의 존재를 '지각'하고, 그 존재에 '작용'한다. 존재와의 간격을 넘어서면서 육체는 감각적인 운동을 통해 다른 것, 즉 신체와 연결된다."[19] 여기에서 육체와 신체의 이중적 측면을 비로소 가능하게 하는 중심적 표상기관이 동물에게 얼마나 중요한지가 드러난다. 따라서 사람들은 플레스너의 해석자를 따라 다음과 같이 말할 수 있다. "동물은 육체이다. 그 육체가 중심적 표상 속에서 주어지는 한에서 동물은 신체로서의 육체를 가진다. …… 이러한 사기Selbst로서 동물은 모든 생명체가 그런 것처럼 자기 존재의 주체일 뿐만 아니라 자기를 소유하는 주체이기도 하다."[20]

그러므로 동물은 의식을 갖는다. 이 의식을 통해 동물은 자신의 '신체'를 갖는다. 그러나 동물은 자기의식을 소유하지는 않는다. 왜냐하면 그

---

19  Plessner 1975, 232.
20  Asemissen 1973, 159.

때의 자기Selbst가 그 자신과 거리를 두고 주어지지 않기 때문이다. 동물은 의식의 중심에 고착되어 있다. 의식의 중심과 관련을 맺기 위해서는 그 중심에서 벗어나야 하지만 동물은 그럴 수 없다. 플레스너의 말로 표현하면, 폐쇄된 조직형식을 가진 동물은 중심적 입지성 속에 머물러 있다. 연결된 두 요소, 즉 신체적 존재와 육체의 소유는 동물의 현존방식에서는 결코 이중적 측면으로 대상화될 수 없다. 이러한 대상화는 '탈중심적' 입지성 속에 있는 인간에게 가능하다.

여기에 수용할 만한 몇 가지 구별을 보충할 필요가 있다. 플레스너는 자극과 반작용의 순서와 연관된 두 가지 근본형식을 동물의 유기체에서 구별한다. 그 하나는 주체를 그 자체에서 차단하는 분산된 조직이며, 다른 하나는 주체를 포섭하는, 다시 말해 구체적인 주체성을 실재적 조건으로 하는 집중된 조직이다. 살아있는 육체의 폐쇄된 조직은 중추신경계처럼 중심기관에서 신체와 환경세계에 대한 표상이 생겨날 때 그 위상 맞게 의식적 존재의 가능성을 제공한다.

최고의 정신적 위상을 가진 것으로 여겨지는 인간으로 접근하는 과정에서 우리는 다음과 같은 물음을 제기할 수 있다. 동물의 지능은 어떤 것이며, 그것은 인간과 어떤 차이를 가지는가? 인간과 다른 형식을 가지는 동물의 주체성이란 구체적으로 어떤 것인가? 인간의 '탈중심적 입지성'은 다른 형식을 가진 동물의 주체성과 어떻게 구별되는가? 이러한 물음에 대해 유인원의 행동에 대한 플레스너의 분석은 철학적으로 시사하는 바가 크다.

유인원은 17세기에 발견된 이후부터 인간과 동물의 차이를 '가장 고차적' 단계에서 정리하고 드러낼 수 있는 모범적인 가능성을 제공하였다. 특히 유인원의 '도구사용'에 대한 볼프강 쾰러Wolfgang Köhler의 유명한 실험은 철학적 인간학에 대한 강한 도전으로 여겨졌다. 플레스너는 쾰러의 연구결과를 동물과 인간에 관한 자신의 개념에 통합하려고 시도했다.[21]

테네리파Teneriffa 연구소에서 진행된 쾰러의 연구는 『유인원의 지능실험』[22]에 수록되어 있다. 플레스너는 이러한 쾰러의 실험을 고전적 연구로 평가하고 매우 의미 있게 받아들인다. 그러나 플레스너는 쾰러의 연구를 더 진척시켜 인간과 동물의 본질적인 차이가 그동안 다수의 비판적 동물심리학자와 철학자가 믿었던 것보다 훨씬 더 분명하다는 것을 보여주려는 의도에서 해석한다. 문제를 해결하는 침팬지의 행동과 도구사용, 예컨대 막대기와 상자를 가지고 바나나에 접근하는 것을 플레스너는 지능적 행동의 표지로 수용한다.

그러나 그가 집중한 것은 그러한 실행능력보다는 소위 침팬지가 가진 지능의 취약점을 보여주는 실험이었다. 이와 관련하여 플레스너는 침팬지가 특정한 시각적 조건 아래 주어진 과제, 가령 과일에 접근하는 과제를 해결하지 못한 실험과 관찰에 주목했다. 침팬지는 두 개의 갈대 대롱이 자신의 시선에서 앞뒤로 가깝게 있을 때에는 그것들을 서로 연결하는 데 성공했지만 두 대롱이 평행으로 있을 때는 실패했다. 이로부터 플

---

21  Plessner 1975, 266–277.
22  Intelligenzprüfungen an Anthropoiden, 1917.

레스너는 다음과 같은 물음을 제기하였다. 이러한 실패는 쾰러가 생각한 것처럼 '형태 파악의 취약점'에 따른 문제인가? 아니면 "인간의 의식과 비교해서 침팬지의 의식에 더 심한 질적 '결핍'의 징후"가 있는 것인가?[23] 플레스너는 침팬지에게 결핍된 형태 파악의 사례를 더 많이 발견했다. 예컨대 돌을 담고 있는 상자와 같은 장애물이 길을 막고 있을 때 그것을 간단히 치울 수 없는 경우가 바로 그런 사례들 중 하나였다. 이러한 실패를 플레스너는 인간과 유인원의 본질적 차이를 보여주는 것으로 보았다. 그 차이를 그는 다음과 같이 지적한다. "**동물의 계열에서 가장 지능적인 생명체, 즉 유인원에게는 부정의 감각이 결핍되어 있다.** …… 인간이 지각하는 진정한 사물은 실제로 직관할 수 있는 사실의 내용과는 대비되는 비가시성의 추가Plus, 다시 말해 부정성의 추가로 인해 생기는 직관의 형상으로 나타난다. …… 바로 이러한 대상성은 동물의 의식에게, 심지어 고등동물에게조차 닫혀있는 성격의 특징이다. 중추적 조직을 가진 동물에게 주위환경에 있는 사물은 감각적 운동의 기능회로를 위한 상관적 요소, 즉 자극의 출발점과 행동의 공격지점에 머물러 있다."[24]

동물이 부정의 감각을 소유하고 있지 않다는 것은 무엇을 의미하는가? 플레스너의 해석에 따르면, 동물의 의식은 자신의 주체적 환경세계, 즉 기능회로의 집게 안에 사로잡혀 있어 개념적 객관화를 통해 주어지는 본

---

23  Plessner 1975, 269.
24  Plessner 1975, 270.

래적 대상의식에 도달할 수 없다. 심지어 유인원조차도 부재하는 것, 가령 사물의 뒷면을 알 수 없다. 다시 말해 진정한 대상의식을 소유하지 못한다. 진정한 대상의식이란 대상을 그것이 가진 진정한 사태연관의 형식에서 파악하기 위해 직관에서 대상을 직접 그것이 놓여있는 위치로부터 분리할 수 있는 의식을 말한다. "부재, 결핍, 비어있음이란 동물에게는 닫혀있는 직관의 가능성이다."[25] 동물에게 객체는 개념적으로 주위환경과 구별되지 않으며, 동물의 고유한 형태에서 '나$_{Ich}$'는 주체성으로 파악되지 않는다. 동물에게 주체는 감추어져 있다. 그 때문에 동물은 어떤 진정한 대상성도 알지 못한다. 동물은 자신의 신체를 가지며, 입지적 중심성을 가진 자신의 신체 안에 완전히 흡수되어 있다. 그것은 "순수한 [목적격의] 나$_{Mich}$일 뿐이며 [주격의] 나$_{Ich}$는 아니다." 이것은 다음과 같은 결론으로 이어진다. "그러므로 동물에게 동질적으로 파악될 수 있는 비어있는 공간과 시간에 대한 직관은 **거부되어야 한다**. 이로부터 쾰러에 의해 관찰된 형태의 취약점 자체는 고등동물의 의식조차 폐쇄된 형식의 입지성 속에 있음을 보여주는 본질적인 설명으로 이해될 수 있다."[26]

따라서 동물의 지능은 본질적인 한계를 갖는다. 동물은 구체적인 대상으로부터 '사태' 일반의 개념, 즉 '사태연관의 의식'에 도달하지 못한다. 원숭이도 환경의 구조에 따라 선택의 가능성에 대한 진정한 통찰을 가질

---

25  Plessner 1975, 271.
26  Plessner 1975, 271 이하.

수는 있다. 그러나 이러한 동물의 통찰은 사태연관에 대한 인간의 통찰과는 근본적으로 구별된다. 동물에게는 형상화Ideation — 에드문트 후설의 현상학에서 이것은 개념형성의 목적을 가진 추상화를 위해 전제되는 것이다 — 와 그로 인해 주어지는 모든 진정한 '개념형성은 거부'된다.[27] 따라서 동물의 의식은 본질적으로 사태와 연관한 태도를 가질 수 없다. 정확히 말해서 중추적 조직의 입지성은 — 고등동물에서 — "감각적 운동의 차원에서 구체적 개별성과 추상적 보편성의 대립처럼 보이는 유사한 것을 소유하지만, 대립 그 자체를 소유하지는 않는다. …… 그러나 진정한 개별성과 진정한 보편성은 부정적인 것 자체, 즉 어떤 것의 부재, 결핍, 비어있음을 파악할 수 있는 능력을 전제한다. 동질적 공간과 시간의 직관, 내용이 없는 빈 공간과 빈 시간은 …… 결과적으로 진정한 객관적 사물의 지각 및 진정한 형상적 추상화와 본질적으로 공존한다. 개별자와 보편자, 즉 개념 일반 또는 사태 일반을 인간은 처음부터 안다."[28]

플레스너의 접근방식이 보이는 특징은 철학의 고전적 단초를 사용하고 있다는 점이다. 그 단초란 특수한 문제 상황을 담고 있는 정밀한 구조에 대한 구체적인 경험적 자료에서 출발하여 점차로 인간과 동물의 정신적 차이를 보여주는 일반적인 내용을 종합하는 것이다. 이때 그 차이는 근본적으로 — 형상화를 통해서 드러나는 — 동물과 인간의 본질적 차이

27　Plessner 1975, 273.
28　Plessner 1975, 275 이하.

로 부각된다. 이러한 플레스너의 난해한 접근방식은 전형적으로 인간과 동물의 차이에 대한 물음에 대해 고전적이면서도 현대적인 철학적 답변을 제시한다. 현상학적 방법, 본질분석, 개념적 전제만이 아니라 경험적 연구, 특히 유인원 연구 자료에 대한 플레스너의 해석은 충분히 긍정적 평가를 받을 만하다. 플레스너는 '동물이란 무엇인가'라는 본질적 물음에 대해 현상학적 답변을 위한 모범적 사례를 제공했다. 그렇다면 이러한 본질적 대답이 과학이론의 관점에서도 유지될 수 있을까? 아니면 결국 형이상학적인 것, 즉 검증될 수도 반증될 수도 없는 것으로 남을까? 이 물음은 다음 장에서도 이어진다. 자연철학을 통해 동물을 기술하는 한스 요나스의 이론은 동물의 주체성을 더욱 더 고전적인 방식으로 통찰하려는 시도와 연결되고 있다.

## 한스 요나스: 자유의 자연사에서 동물주체

한스 요나스[29]는 동물에 대한 자연철학적 반성을 시도하며 '철학적 생물학의 단초'를 발전시킨 20세기 후반기의 마지막 철학자이다. 이러한 반성은 그가 자신의 주저로 여기는 『유기체와 자유』[30]에서 수행된다. 요나스는 그의 생명철학에서 물질대사(질료의 변화) 그리고 유기체에서 일

---

29  Hans Jonas, 1903~1993.
30  Organismus und Freiheit, 1973.

어나는 질료와 형식의 변증법적 관계를 중심주제로 삼았다. 단세포 동물, 예컨대 아메바를 무기물과 비교하여 관찰해 보면 질료와 형식 사이의 관계에서 드러나는 본질적 차이를 확연히 알 수 있다. 높은 조형성 Formplastizität을 보여주는 유기체에서조차 형식은 질료에 의존하고 있으며 물질대사를 필요로 한다. 그러나 유기체는 예컨대 장소운동을 통해 그러한 토대로부터 자신을 '해방'시킬 수도 있다. 요나스에 따르면 무기물에서 질료는 본질을 규정하며, 이때 형식은 우연적이다. 반대로 유기체에서 형식은 근본적이며, 이때 지속적으로 변화하는 세포의 물질대사적 내용은 우연적이다. 사람들은 아메바가 지속적인 물질공급을 통해 자신을 유지하기 위해 결과적으로 형식을 바꿈으로써 작은 자유의 계기, 즉 자기운동을 실현하고 있다고 말할 수 있다. 이런 의미에서 요나스는 "자유를 위한 아리아드네의 실"로부터 생명과 본질적 유형들—식물, 동물, 인간—의 역사를 이해하려고 시도한다. 형식이 질료로부터 자신을 해방시키는 한에서 "생명의 형식은 질료보다 우월"하다. 또한 생명의 형식은 자기운동을 위한 모험을 감행한다.[31] 이러한 '유기체의 고유한 인과성' 속에는 기계를 넘어선 자율성이 뿌리를 내리고 있다. 형식-질료의 변증법, 자유, 자율성과 같은 생명철학의 이론적 개념은 요나스에게 모든 유기체의 생명현상을 실존적으로 이해할 수 있는 기초를 제공한다.

이러한 생명철학의 배경에서는 동물도 주체로서 파악되는 것이 마땅

---

31  Jonas 1973, 151.

하다. 윅스퀼이 말하는 '기능 전체의 폐쇄성'에 반대하여 요나스는 이미 셸러가 말한 것처럼 '세계로의 개방성'을 제시한다.[32] 생명이란 세계와의 거리 속에 실존함을 의미한다. 그러므로 동물은 주체이다. 왜냐하면 동물은 먼저 지각을 통해 그러한 거리를 넘어 외부세계를 자신 안으로 전달해야 하기 때문이다. 그렇게 함으로써 동물은 느낌을 통해 이 세계와 연관을 맺고, 최종적으로는 예컨대 먹이에 도달하기 위한 행동과 같은 장소운동을 한다. 이로써 모든 생성을 동시에 소멸과 연결시키는 물질대사의 문제가 해결된다.

동물이란 무엇인가에 대한 물음을 요나스는 식물과의 비교를 통해 설명한다. "세 가지 표지, 즉 운동능력, 지각, 느낌이 동물의 생명을 식물의 생명과 구별한다."[33] 지속적 운동과 지각 사이의 연결은 고전적인 사례인 진드기에서처럼 그 자체로 해명되는 반면, 고등동물의 느낌은 보다 더 정확한 현상에 대한 분석이 필요하다. 이때 공간과 시간은 결정적인 역할을 한다. 왜냐하면 "생명은 본래 앞으로 향하는 동시에 바깥으로도 향해" 있기 때문이다. 요나스에 따르면 동물의 진화에서 볼 때 공간은 처음에 더듬는 것으로부터 시작하여 시각에 의한 원지각Fernwahrnehmung과 평행적으로 전개된 장소운동의 가능성을 통해 "자유의 차원으로 진행하는 방식으로"[34] 변화된다. 감정은 이때 '초월', 즉 시간 차원의 전개

---

32  Jonas 1973, 152.
33  Jonas 1973, 153.
34  Jonas 1973, 154.

에서 특별한 역할을 한다. 시간에서도 개별적인 자기와 객체 사이에 놓인 거리가 극복된다. 감정은 이러한 현상의 표현이다. 따라서 요나스는 동물의 세 가지 근본적인 능력—운동, 감각, 감정—의 상호적 연결을 하나의 원리, 즉 동물적 존재의 '본질적인 간격'에서 나타나는 '간접성 Mittelbarkeit, 매개성'의 원리에서 이해하려고 시도했다.[35] 이것은 구체적인 감정에서 제시되어어 한다.

"욕망은 추적에, 공포는 도망에 그 뿌리를 두고 있다." 감정은 동물을 객체로 향하게 하거나 그것에서 벗어나도록 내몬다. 이것은 욕구를 충족시키기 위한 운동능력을 전제한다. 단순한 지각 자체로는 공간적 거리를 극복하기에 충분하지 않다. 비로소 '감정적 지향'[36]이 그러한 거리를 좁혀줄 수 있다. 욕구와 열망은 충동과 충동만족 사이의 시간적 거리와 연결되어 있다. 지각 사물로서의 객체를 공간 어딘가에서 지각할 수 있으려면 먼 거리에서는 참여하고 있지 않은 것처럼 보이는 감각기관, 예컨대 눈, 귀 또는 코가 필요하다. 운동은 객체에 도달하기 위해 필요하다. 그 반대로 멀리서 지각된 것을 '목표'로서 체험하고, 그 목표의 질적 내용을 생생하게 유지할 필요가 있을 때 열망과 함께 느낌이 작용한다. "이런 방식으로 열망은 동일한 상황에서 시간적 측면을 나타내며, 지각은 그것의 공간적 측면을 보여준다." 왜냐하면 "열망에 의해 추동되는 운동능력은 여기에서 저기로 향하게 하며, 지금에만 머물러 있지 않도록" 변

---

35  Jonas 1973, 156.

36  Jonas 1973, 155.

화를 일으키기 때문이다.[37]

　그러므로 동물주체에게는 시간을 넘어서는 감정적 다리가 구축되어 있다. 요나스는 바로 직접적 열망과 간접적 충족 사이의 '간격'에 동물성의 비밀이 놓여 있다고 생각한다. 직접성의 상실에 상응하여 동물적 실존의 놀이공간이 획득된다. 감정은 동물주체에서 욕구와 충족 사이의 간격을 이어준다. 이로부터 근원적으로 주체–객체의 분리에 근거를 두고 있는 간접성의 원리가 드러난다. 따라서 감정으로 인해 동물은 식물과는 전혀 다른 능력을 갖는다. 살아있는 식물이 전적으로 환경세계에 직접 편입되어 있다면, 고등동물은 공간과 시간 속의 간격을 좁히고 감각과 감정을 통해 그 간격을 다른 형태로 바꾸어야 한다. 식물과 동물, 양자는 궁극적으로 물질대사가 요구되는 삶의 상황, 즉 영양을 추구하는 삶의 상황에 적합해지기 위해 노력한다. 요나스에 따르면 동물은 본질적인 식물과의 차이로 인한 비싼 대가를 치른다. 독립영양을 하는 식물은 말 그대로 땅에 박혀 빛을 찾아 영양문제를 해결하기 위해 직접 환경세계에 편입되어 있다면, 운동하는 고등동물은 먹이를 공간적 거리에서 지각하고 시간적 거리에서 감정적으로 지향하면서 마지막에는 행동해야 한다. 이처럼 "동물의 행위와 목표와의 분리 또는 간접적 활동현상"은 동물주체의 공간적이고 시간적인 거리에서 드러난다.[38]

---

37　Jonas 1973, 156.
38　Jonas 1973, 159 이하.

동물의 활동공간에는 한편으로는 특정한 '자유'가 연결되어 있지만, 다른 한편으로는 실수와 실패의 위험도 존재한다. 동물은 식물 또는 먹잇감으로 포획해야 하는—이때 성공할 수도 있고 실패할 수도 있다—다른 동물을 먹는다. 활동, 쾌와 고, 결핍 또는 공포, 대개는 아픔으로 주어지는 감정적 체험은 본질적으로 욕망하는 삶의 형식을 가진 동물성에 속한다. "동물적 존재는 그 본질에 있어 욕망적 존재이다."[39] 그러므로 점차적인 개체화는 동물이 위험스러운 생명임을 보여준다. 그 생명은 감정과 같은 새로운 사질을 가지며, 단순한 물질대사적 생명을 넘어서 있다. "느끼는 동물은 단순히 물질대사를 하는 존재가 아니라 느끼는 존재로서 자신을 유지하려고 노력한다. 다시 말해 동물은 이러한 느낌의 활동 자체를 지속하려고 노력한다." 이것은 지각하는 동물이 지각하는 생명체로서 자신을 유지하려고 노력하는 것과 같은 것이다.

요나스에 따르면 자연에서 '자유의 모험'[40]이 주관적 현상의 단계에서 감행된다. 개체화된 동물에게는 보다 뚜렷이 각인된 자기가 보다 뚜렷이 각인된 세계에 맞서 있으며, 신경체계에 보다 더 많이 집중된 존재일수록 '자유롭게 운동하는 감각적 주체'를 위해 보다 더 많은 놀이공간을 갖는다. 개체적 죽음, 식물에 비해 불안정한 위험에 노출되어—감성과 감정을 통해 주체와 객체의 영속적인 간격을 좁혀야 하는—운동하는 생명, 이것이 동물성의 대가이다. 그러나 동물적 삶의 형식에 속하는 폭넓

---

39  Jonas 1973, 161.
40  Jonas 1973, 162.

은 해방에 의한 새로운 가능성이 제공되기도 한다. 왜냐하면 '생명의 자유'[41]는 지각, 느낌의 활동을 통해 새로운 형태를 가진 공간을 발견하기 때문이다. 그러므로 동물의 주체성은 생명의 변증법적 놀이 속에서 어떤 것을 획득하기도 하고 상실하기도 한다. 요나스는 결론적으로 동물주체에서 식물과 비교되는 어중간한 다름이 아니라 생명의 새로운 가치단계가 획득된다고 말한다. 이러한 생명의 가치단계는 마지막으로 인간의 행위에서 보다 더 고차적으로 전개된다.

 동물의 주체성에 속하는 세 가지 다른 개념들을 다음과 같이 정리할 수 있다. 윅스퀼의 동물주체는 일차적으로 감각운동에서 활동하는 모나드, 즉 동물의 종에 맞는 환경세계에 의존하고 있다. 이런 점에서 그는 인간의 주체성과 동물의 주체성 간의 차이를 평준화하고 있는 셈이다. 이에 반해 플레스너는 본질단계의 현상학에서 동물의 한계를 통해 인간의 능력을 보여주었다. 여기에서 동물은 중심적 입지성으로 인해 식물보다 뛰어나며, 인간은 탈중심적 입지성으로 인해 동물보다 뛰어난 것으로 드러났다. 각각의 현존방식은 특수한 생물학적 조직형식에 뿌리를 두고 있다.
 윅스퀼과 플레스너의 이론에는 진화론적 측면이 그 배경으로 놓여 있었다. 그러나 요나스는 한층 더 발전된 자연철학적 시나리오, 즉 자유와 개체화를 내용으로 하는 일종의 자연사에서 동물의 장소운동, 지각, 느낌의 역할을 동물의 주체성을 위한 자질로 파악하려고 했다. 여기에서는

---

41  Jonas 1973, 163.

지각과 느낌에서 확인되는 공간과 시간의 거리를 요구하는 개체화된 존재 및 동물성에서 확실하게 발견되는 주체-객체의 분리가 부각된다. 따라서 사물의 외부는 개체 안으로 전달되어 주체의 내부 상태와 관계를 맺는다. 공간과 시간의 거리는 능동적으로 좁혀져야 하며, 식물이 가질 수 없는 활동의 놀이공간을 동물주체에게 부여한다. 그러한 공간은 실존적이며 윤리적으로 두드러진 자질을 가진 인간에게는 자유의지로 나타난다. 웍스퀼, 플레스너, 요나스를 통해 제시된 동물주체의 개념을 통해 우리는 이미 헤르더 또는 헤겔이 앞서 보여준 자연철학적이고 사변적인 동물철학에서 벗어나 그러한 단초를 비판하는 현대에 이르게 된다.

최근에는 철학자들뿐만 아니라 생물학자들도 동물의 주관적 의식에 대한 물음을 지속적으로 제기하고 있으며, 지배적인 동물행동학의 흐름에 맞서고 있다. 이를 대표하는 책이 동물학자이자 행동연구가인 도날드 R. 그리핀[42]이 지은 『동물은 어떻게 생각하는가』[43]이다. 그리핀은 초음파에 의한 박쥐의 위치탐지Echolot-Ortung에 대한 설명 및 동물의 항행능력에 관한 연구로 잘 알려져 있다. 그의 연구가 없었다면 철학적 분석을 담은 토머스 네이글의 저서 『박쥐로 존재한다는 것은 어떻게 있는 것인가?』[44]는 아마도 나오지 못했을 것이다. 이 책은 동물의 주체성에 대한 인식의 가능조건을 현대 인식론의 관점에서 비판적으로 되묻고 있다.

---

42  Donald R. Griffin, 1915~2003.
43  Wie Tiere denken (독일어 번역판), 1984.
44  Wie ist es, eine Fledermaus zu sein? (독일어 번역판) 1996.

2장

# 나는 동물에 대해 무엇을 알 수 있는가?

# 박쥐로 존재한다는 것은
# 무엇을 의미하는가?

　토머스 네이글[1]은 고전적 논문 「박쥐로 존재한다는 것은 어떻게 있는 것인가?」[2]에서 정신철학에서 다루어지는 핵심현상과 소위 감각질Qualia에 대한 논쟁을 새롭게 개척하려 했다. 1970년대 이후로 분석철학의 광범위한 범위에서 등장한 감각질 논쟁은 주체성에 대한 환원주의적이고 기능주의적인 설명의 가능성과 그것이 가진 한계를 숙고하는 데 기여했다. 여기에서 제기된 특별한 문제는 환원할 수 없는 감각질 ─ 예를 들어 빨강에 대한 체험처럼 소위 직접 체험된 현상과 같은 것 ─ 에 접근하는 주체의 특권에 관한 것이다. 이는 의식을 가진 개별적 주체만이 '빨강'을 본다는 것이 무엇을 의미하는지를 알 수 있으며, 주체가 그와 관련된 신경체계의 전제조건을 갖추고 있을 때에만 그것이 가능하다는 것을 의미

---

1　Thomas Nagel, 1937~현재.
2　"What is it like to be a Bat?", 1974.

한다. 질적 현상인 빨강은 개별적이고 내적인 경험으로서 1인칭 단수의 관점을 가진 의식 속에만 직접 주어질 수 있다. 다시 말해 체험하거나 개념적으로 파악하는 특권을 가진 자아가 전제되어야 한다. 이렇게 주어진 '직관들Intuitionen'은 분명 다른 인간들에게서와 마찬가지로 당장 동물에게도 오류가 될 수 있다.

　제목에 박쥐가 들어가 있지만 네이글의 논문은 실제로 동물만이 아니라 뇌와 정신의 개념, 현상적 의식과 같은 구체적이면서도 까다로운 문제를 포함하고 있다. 그밖에도 이러한 문제는 오늘날 자유의지와 같은 정신적 표상에 대한 문제와도 연결된다.[3] 이러한 맥락에서 동물의 주체성이 가지는 계기는 지속적으로 논의되고 있다. 인간이 내적 관점에서 가질 수 있는 주체의 체험현상들은 동물주체에 관한 논의의 출발점이 된다. 인간과 비교하여 다음과 같은 물음이 제기된다. 동물도 그런 체험현상을 가지는가? 만일 그렇다고 한다면 특수한 체험현상들, 즉 내적으로 지각할 수 있는 감각질―예를 들어 그 자체로 직접 체험할 수 있는 소리 또는 색깔―은 어떤 것인가? 이러한 물음의 배후에는 "X로 존재한다는 것은 어떻게 있는 것인가Wie ist es, X zu sein?"라는 물음의 도식이 숨겨져 있다. 여기에서 X는 임의의 동물일 수 있다. 그 물음은 동물철학에서 다음과 같은 것을 묻는 것이다. 인간과 완전히 다른 조직형식을 가지는 동물로 존재한다는 것은 어떻게 있는 것인가? 다시 말해 다른 감각기관을

---

3　Pauen in Herrmann et al. 2005.

사용하거나 다른 신경체계의 토대를 가지는 동물은 어떻게 있는가? 네이글이 보여주는 것처럼 비판적인 관점에서 이러한 박쥐의 사례와 연관하여 제기된 인식론적 물음이 우선 문제가 된다. 사람들은 다음과 같은 일반적인 주제로 그 물음을 바꿀 수 있다. 도대체 나는 동물에 대해 무엇을 알 수 있는가?

이렇게 보면 네이글의 박쥐 뒤에는 철학적 문제로 가득 찬 탄약고가 있다고 할 수 있다. 다른 인간의 의식 안으로 옮겨간다는 것은 분명히 어려운 문제이다. 특히 비정상인 또는 경계상태에 있는 사람, 예컨대 식물인간의 경우에는 특별히 더 어려운 문제이다. 게다가 다른 삶의 형식에 속하는 체험을 기술하고 재구성하는 것은 한층 더 어렵게 보인다. 특히 초음파로 방향을 잡는 박쥐의 사례에서처럼 다른 형태의 방향감각을 가질 때는 더더욱 그럴 것이다. 네이글이 말하는 것처럼 다른 의식이 우리 인간의 의식과 편차가 크면 클수록, 그것을 유추하는 인간의 1인칭적 감정이입은 더 의문스러운 것이 될 것이다. 다른 한편으로 어떤 상태를 보다 더 객관적으로 기술하면 할수록, 그 개념은 우리 인간의 특수한 시각에 보다 더 적게 의존할 것이다. 다시 말해 다른 체험을 기술할 때 의인관에 따른 개념이 더 적게 사용될 것이다. 이로부터 다음과 같은 핵심적인 물음으로 정식화될 수 있는 딜레마가 발생한다. 우리 인간이 어떻게 그러한 형태의 체험상태에 주관적인 동시에 객관적으로, 다시 말해 1인칭적 관점인 동시에 3인칭적 관점으로 접근할 수 있는가?

'박쥐로 존재한다는 것은 어떻게 있는 것인가'에 대해 과학적으로 기술하기를 원한다면 3인칭적 기술로 객관화하는 환원이 요구된다. 그러기 위해서 우리는 개별적인 체험의 관점을 제외시켜야 할 것이다. 그렇게 할 때 우리는 아마도 다른 의식과 대면할 수 있을 것이다. 다른 의식은 '참인' 명제의 언어로 기술할 수 없다. 왜냐하면 객관적인 진리요구를 충족시킬 수 있는 방식이 불분명하기 때문이다. 이러한 요구가—그와 관련된 현상이 심리학적 용어로 기술될 수밖에 없음에도 불구하고—물리학적 용어와 연결되어 있을 때는 특히 더 그렇다.

네이글은 다음과 같이 쓰고 있다. "어떤 방식으로 심리학적이고 물리학적인 하나의 표현을 가지고 동일한 사태를 올바로 묘사할 수 있겠는가? 그것에 대해 우리는 아무런 방안을 가지고 있지 않다." 여기에는 정신철학에 속하는 심층적인 물음이 연결되어 있다. 그 물음은 이미 고유한 1인칭적 감각질 체험을 기술할 때 다음과 같이 제기된다. "나의 체험이 나에게 어떻게 나타나는가라는 물음과 반대로 나의 체험이 **실재로** 어떤 속성을 가지고 있는가에 대해 묻는 것이 도대체 무슨 의미를 가지는가?" 심리적으로 나에게 어떤 것이 '빨강'으로서 나타난다. 그것은 물리학의 언어로 특정한 파장의 길이와 연관성을 갖는다. 그러나 그 파장의 길이를 통해 빨강에 대한 나의 체험을 기술할 수는 없다. 우리는 날아가면서 장애물을 피하는 데 도움을 주는 박쥐의 초음파 탐지작용을 물리적 관점에서 처음부터 끝까지 기술할 수 있다. 그러나 박쥐가 그때 체험하는 것을 특별한 정향능력이 없는 우리의 의식형태를 가지고 추적하기란 어렵다. 우리는 체험하는 주체의 관점 안으로 우리 자신을 투사함으로써 형태가 다른 종의 의식을 가질 수 있는 것처럼 여긴다. 그러나 이것은 결국 의인관으로 인도하는 것이다. 이러한 딜레마에서 벗어나는 길은 어디에 있을까? 네이글에 따르면 우리는 감정이입과 상상력에 의존하지 않고 주체성을 기술할 수 있는 '**객관적** 현상학'을 위한 개념과 방법이 필요하다. "이러한 [객관적 현상학의] 기술은 심지어 체험 자체를 기술할 수 없는 존재도 이해하게 할 것이다."[4] 그러나 이것은 현재 인간이 가진 인식의 가능성을 넘어서 있다.

이 책의 도입부에서 제기한 물음, '동물에 대해 우리는 무엇을 알 수 있는가'에 대한 네이글의 '미묘한' 대답은 동물의 의식으로 들어가는 창문이 우리 인간에게는 주어질 수 없다는 것을 보여주고 있다. 또한 다른 종의 개체가 존재하는 방식을 우리가 알 수 있다는 주장이 의심스럽다는 것을 정당하게 보여주고 있다. 그러나 네이글에 반대하여 박쥐 연구가인 도날드 그리핀과 같은 현대 동물심리학자는 두 개의 창문이 아직 여전히 열려있다고 이의를 제기한다. 다시 말해 한편에는 새로운 형태의 행동에 관한 연구가 있으며, 다른 한편에는 종들 상호 간의 소통이 있다. 그리핀은 자신이 창안한 '인지적 동물행동학'의 중심과제가 "종의 경계를 넘어서 다른 종이 사고하고 느끼는 것에 대한 만족할 만한 정보를 수집하는 것"[5]에 있다고 여긴다.

---

4  Nagel 1996, 245–248.
5  Griffin 1985, 22; Einl. in Q7: 49–51.

우선 우리는 네이글이 제안한 방식을 따라갈 때 생기는 의문점을 생각해볼 필요가 있다. 우리는 이미 너무 많은 것을 인정하고 있지 않은가? 인지연구가이며 철학자인 대니엘 데넷[6]은 박쥐의 초음파 위치탐색에 대한 네이글의 증명이 3인칭적 관점에서 과학적으로 연구한 **사실**을 제시한다고는 하지만 여전히 일면적인 선택임을 비판한다. 적어도 그 증거는 박쥐에 관해 '**어떤 것**', 즉 박쥐가 의식을 가지고 있다는 사실을 진술하고 있으며, 그 의식이 우리의 의식과 다르다고 하는 것을 확정하고 있다. 따라서 네이글의 논문은 일관되지 않은 것이다. 데넷은 다음과 같이 이의를 제기한다. "이러한 몇 가지 사실이 박쥐의 의식에 관해 어떤 것을 제시할 수 있다면 이런 형태의 다른 사실들은 훨씬 더 많이 제시될 수 있지 않을까?"[7] 네이글은 이미 몇 가지 '객관적인' 사실들을 깊이 다뤘다. 그렇다면 왜 또 다른 사실들을 계속 다루지 않는가? 아마도 '박쥐로 존재한다는 것은 어떻게 있는 것인가'라는 물음에 대한 대답이 종착점에 도달했기 때문일 것이다. 데넷은 3인칭으로 기술하는 '타자현상학Heterophänomenlogie'의 방법을 우선시한다. 그런 점에서 네이글은 분명히 '자기현상학Autophänomenlogie'에 머물러 있는 것이다. 자기현상학은 체험하는 주체 자체에서 획득된 내적 경험을 1인칭의 관점에서 그와 연관된 모든 문제를 다루는 것이다.

---

6  Daniel Dennett, 1942~
7  Denett in Q7: 392.

# 인식론적 핵심물음으로서 의인관

　도대체 박쥐가 의식을 가지고 있는가? 이 물음에 대답하기 위해서는 단순한 의식과 구별되는 지향성, 인지능력 또는 자기의식과 같은 또 다른 기준이 논의되어야 한다. 여기에도 새로운 의인관의 위험이 도사리고 있다. 동물의 의식은 인지과학의 실험사례에 속하기도 하지만, 다음과 같은 아주 다른 물음의 목록에도 등장한다. 인간은 동물의 의식을 어떻게 연구할 수 있는가? 인간적 인지론의 출구는 막힌 것인가? 동물의 감각능력에 대해 어떤 증거가 있는가? 의식의 진화론적 연속성에 대한 주장은 어떤 역할을 하는가? 개념, 생각, 언어, 정신이론, 자기의식을 동물에서 말할 수 있는가?[1] 이러한 물음들은 이미 의인관에 의해 덧칠된 것이다.

　의인관은 동물에 대한 논쟁에서 생물학자와 철학자가 걸리기 쉬운 아

---

1　Bremer in Hermann et al. 2005.

주 심각한 인식론적 질병처럼 보인다. 다양한 내적 관점에서 제시되는—세계경험이든 자기경험이든—인간과 동물의 유사관계에 대한 주장이 근본적으로 정당화될 수 있는가? 이 물음과 연관하여 사람들은 '경험적 의인관'의 정당화에 대한 물음을 논의할 수 있을 것이다. 상징적 의인관과 경험적 의인관은 우리의 표상이 감각적으로 주어지지 않는 신과 같은 이념과 연결되는가 아니면 우리의 경험세계에 있는 대상으로서 동물과 연결되는가에서 구별된다. 상징적 의인관과 경험적 의인관의 용어적 차이에 담긴 의미는 다음과 같은 논제로 향한다. 근본적으로 신에 관한 상징적 의인관의 진술은 경험적으로 성립될 수 없다. 그러나 동물의 내적 상태에 관한 경험적 의인관의 진술은 비록 최종적으로는 증명될 수 없지만, 경험적으로 뒷받침된 많은 전제에 의해 인정되고 있다.

경험적 의인관은 동물의 표상과 느낌에 관해 우리가 이미 수행한 경험적 판단—우리는 우리 자신의 시간과 공간에서 이무어진 세계지각과 자기지각에 근거하여 동물에 대한 판단을 내리고 있다—을 정당화할 수 있는 규칙과 원칙을 제시한다. 우리는 공간에서 외적으로 지각할 수 있는 행동에 관한 판단으로부터 인간과 동물의 유사관계를 상정할 수 있는 좋은 근거를 가지고 있다. 예컨대 사냥감 또는 먹이를 목표로 움직이는 인간과 동물의 추적행동을 관찰할 때 그러한 근거를 얻을 수 있다. 그러나 그러한 외적 과정이 인간의 주관적 체험과 유사하게 외적으로 관찰할 수 없는 내적 진행—예컨대 때때로 내적으로 경험되는 느낌 또는 열망, 즉 허기 또는 욕구와 같은 것—에 의해 동반되는지, 어느 정도로 그러한지에 대한 물음이 제기된다. 보다 좁은 의미에서 본다면 여기에서는 사실상 인간적 감정이입Anthropopathie이 문제가 된다. 다시 말해 동물과 같은 비인간적 존재가 인간의 감각과 열망을 가진 것으로 생각하는 것이다. 좀 더 정확하게 말한다면, 이것은 '동물의 정신'에 대해 말할 때 흔히 동물이 인간과 유사한 생각과 의도를 가질 수 있는가에 대한 문제이다. 현상학적으로 말한다면, 이것은 특히 인간적 노에마anthropo–noema 또는 인간적 노에시스anthoropo–noesis[2]와의 유사성에 대한 정당화, 다시 말해 인간과 유사한 사고내용과 사고작용을 동물에게 전이하는 것으로서 인식론적 검토를 거쳐야 할 문제이다.

결국 이러한 문제는 많은 경우에 동물의 사회적 행동에 대한 사회학적 유형의 기술과 설명―'협동' 또는 '이타주의'와 같은 표현의 적용이 그와 같은 것이다―에 대한 논의와 연결된다. 이에 대한 철학적 해명은 특히 지난 10년 동안 사회생물학과 윤리학 사이의 논쟁을 불러일으켰다. 동물철학의 맥락에서 자신의 심리적 경험에서 체험된 상태, 소위 감각질을 동물로 전이하는 것을 정당화하는 물음들은 '의인관'이라는 집합개념 아래 집중되어 있다. 이미 일상적 지성은 외적으로 지각할 수 있는 동물의 형태, 몸짓, 발달, 행동에 대해 말하고 있다. 여기에 과학적 분석에서 발견되는 해부학, 세포학, 분자생물학 등의 자료가 덧붙여진다. 이와 함께 유사성의 정당한 주장을 뒷받침하는 아주 다양한 경험적 표지들이 놓인다.

---

2  노에마는 사고내용, 노에시스는 사고작용을 의미한다.

놀라운 것은 모든 형태의 의인관을 의심하는 이론적이고 인식론적인 반성이 등장하고 있다는 사실이다. 그러나 일상에서 명령을 하는 개의 주인은 대부분 자신의 개가 즉각 자신의 언어와 생각에 따를 수 있는 것처럼 행동한다. 과학과 기술에서도 이것은 많은 경우에 전제되고 있다. 동물실험을 통해 제시되는 인공장기Prothetik가 그러한 예이다. 원숭이에게 장착되어 정신적으로 조정되는 인공 손은 갑자기 내민 음식물을 보고 그것을 '감지'한 후에 '욕망'의 느낌을 갖는다고 여겨진다. 그리고 그 느낌은 다시 일종의 '의지적 자극' 또는 '행동'을 이끌어내고, 그 행동은 음식물을 잡고 입으로 향하게 하며, 결국에는 주관적인 '쾌의 느낌'을 일시적으로 '만족'시키는 것으로 보인다. 이 경우에 조작적이고 실용적으로 설명되는 인간활동과의 유사성이 이미 전제되고 있다. 그렇지 않다면 동물실험에서 인공장기를 가지고 실험을 할 필요가 없었을 것이다.

유사성의 추론은 귀납적 방법을 통해 성공적으로 그 근거를 제시하고 있다. 가령 고등동물과 인간이 가진 뇌의 크기, 눈 또는 호흡과 전진운동에 대해 언급하는 것이 그런 경우이다. 예컨대 인간과 코끼리의 전두엽은 유사한 기능, 가령 감각운동의 활동과 연결되어 있다. 그러나 영리함과 감각의 정도를 단순히 뇌의 무게 및 크기와 관련시키는 경우에는 문제가 될 수 있다. 그런 방식으로 모든 것을 의인관의 관점에서 치중하여 기술하는 것은 허용할 수 없는 경계를 넘어설 수 있다.

역사적으로 동물에 대한 기술은 동물의 내적 능력에서 동물의 이성에 이르기까지 무비판적으로 의인관에 치중한 내용들로 가득 차 있다. 그러나 그러한 역사 속에는 근대 동물심리학이 보여주고 있는 것처럼 동물에 대한 탈의인관의 역사도 함께 포함되어 있다고 할 수 있다. 여기에는 방법적이고 존재론적인 동물 개념이―데카르트의 자동기계라는 전제로부터 행동주의에 이르기까지―큰 역할을 하고 있다. 그럼에도 불구하고 행동이론에서도 설명을 위해 여전히 반영되고 있는 경험적 의인관의 잠재성은 과소평가할 수 없다. 뿐만 아니라 특히 동물과의 일상적 관계에서, 특히 동물의 '고통'이 문제가 될 때 경험적 의인관의 의미는 무시할 수 없다. 당장 동물보호 윤리의 관점에서 의인관은 지속적인 문제가 되고 있다.[3]

그렇다면 동물의 의식에 대한 물음에서 무비판적인 의인관의 위험을 막을 수 있는 방법은 무엇일까? 한편으로 분명한 것은 의인관적 동물해석이 완전히 제거될 수 없다는 사실이다. 다시 말해, 단번에 해결할 수 있는 하나의 방법이란 있을 수 없다. 아마도 의인관의 위험을 최소화할 수 있는 다양한 방법과 단초들은 있을 수 있다. 고전적 또는 현대적 동물행동학은 여러 다양한 학문들이 동물의 의식에 관한 설명에 기여할 수 있을 것이라고 보고 있다. 고등 척추동물이 먹이를 삼키는 것과 같은 행동방식을 고찰하면서 우리는 이미 그 행동을 우리 자신과 비교하고 있다. 이때 우리는 [우리와 유사하게] 배고픔처럼 욕구는 그에 대한 욕망이 생기면 충족된다고 여긴다. 이처럼 우리는 이미 이러한 의식현상을 가진 우리의 경험을 동물의 행동에 관한 해석에 포함시키고 있다.

---

3  L7:15 이하.

결과적으로 우리는 행동주의적 행동의 기술만이 아니라 주관적 현상의 해석도 선취하고 있는 셈이다. 그렇게 본다면 행동주의적 방법과 현상학적 방법은 서로 연결되어 있다고 볼 수 있다. 또한 많은 신경생리학적 증명도 유사한 체험을 설명하기 위해 사용될 수 있다. 신경생물학의 연구와 생리학의 판단은 소화과정에서 나타나는 유사한 뇌의 영역 또는 신경체계에서 조정되는 분비과정과 연관된 유사한 신경체계적 행동형태를 보여주기 때문이다.

게다가 심리학, 인지과학, 언어학, 그리고 철학도 예컨대 '편안함' 또는 '고통'과 같은 단어에 포함된 사고와 개념을 설명하는 데 기여하고 있다. 그리고 진화생물학적 방법도 설명의 적용영역을 규정하는 데 도움을 줄 수 있다. 고통은 고등 척추동물에게 상해를 입히는 상황에 주의를 요하도록 집중시키고, 중심적인 감각운동의 입력Input을 요구하는 행동형태로 돌입하게 하는 것처럼 보인다. 이러한 근거에서 본다면 풍뎅이와 같은 다른 곤충들에게는 고통현상이 없을 수 있다. 왜냐하면 생존 기간이 짧은 개체에게는 그것이 유리하다고 여겨질 만한 진화론적 압박이 없었기 때문이다.[4]

마지막으로 인공지능 연구, 컴퓨터 모델들 또는 로봇학도 행동을 설명하는 데 기여할 수 있다. "작은 로봇의 행동—이 행동에 대해 우리는 확실한 지향적 의도를 가지고 있다고 기술하지 않는다—이 정확하게 시뮬레이션될 수 있다면 지향적인 행동을 하는 것으로 확신되는 풍뎅이에 관

---

4   Bremer in Herrmann et al. 2005, 291.

한 직관적인 기술은 허용할 수 없는 의인관으로 증명될 수 있다."[5] 그러므로 동물의 의식현상에 접근하기 위해—의인관적 기술과 설명을 전적으로 거부하는 데 이르기까지—매우 다양한 이질적인 방법들과 단초들이 협력하고 있다.

---

5   5 Bremer in Herrmann et al. 2005, 288.

# '동물의 정신'에서
# '영리한 한스'로

 

 

 

플라톤에서 비트겐슈타인에 이르기까지 고전적 철학은 인간의 언어, 사고, 자기의식, 이성을 다루어왔다. 이러한 맥락에서 부수적으로 '동물의 정신'[1] 또는 '동물의 이성'[2]에 대해 논의하는 것은 당연한 일이었다. 그러나 동물의 정신을 실제로 형성하는 것이 무엇인지는 여전히 불분명한 상태에 있다. 특히 막스 셸러 또는 플레스너로 대표되는 철학적 인간학은 인간을 체계적으로 동물과 구별하기 위해 어쩔 수 없이 동물을 규정해야만 했다. 언어는 중요한 인간의 특징―인간의 본질적 표지―으로 여겨졌다. 1950년대 초에 에리히 로타커[3]는 『철학적 인간학』[4]에서 먼저 셸러와 함께 동물과 환경세계의 연관성 및 동물과 충동의 연관성을 강조했지만,

---

1   Q7.

2   Q8.

3   Erich Rothacker, 1988~1965.

4   Philosophische Anthropologie, 1982.

이후에는 그와 달리 "인간의 특수한 능력인 거리두기"를 다루었다. 그는 이것을 '동물언어와 인간언어'에 대한 별도의 논의를 통해 증명했다.[5]

로타커에 따르면 동물의 발성은 감정, 기분, 표현의 발성일 수 있지만, 인간의 낱말과 달리 그것은 "기호화되지 않고, 어떤 **낱말의 의미**도 가지지 않는다." 에른스트 카시러Ernst Cassirer와 같은 언어이론가와 많은 언어학자들은 동물이 진정한 낱말과 문장, 사태연관을 이해하지 못한다는 데 동의한다. '산책'이라는 낱말을 듣는 개는 낱말의 울림은 파악하지만, 상징적 기능은 알지 못한다. 인간만이 이념화와 초월화가 가능하다. 인간만이 거리를 둘 수 있으며, 무한히 이념으로 초월할 수 있다. 인간만이 '세계이념'을 가질 수 있다. 이것은 다음과 같은 다양한 추론을 가능하게 한다. "동물적 생명존재는 어떤 운명도 가지지 않는다. 왜냐하면 동물에게는 무한한 가능성의 이념이 없기 때문이다."[6]

이와 유사한 인간의 특징을 담은 목록은 계속 확장될 수 있다. 고전적인 철학적 인간학은 인간만이 실제로 정신을 갖는다고 주장하는 관념론의 전통에서 형성되었다. 그런 점에서 대개는 인간과 동물의 본질적 **차이**만을 세밀하게 연구하고 동물 자체의 본질은 부수적으로만 다루어졌다. 그와 달리 앞서 소개한 철학자이자 생물학자인 헬무트 플레스너의 논의 방식은 차이가 있었다. 그는 철학적 인간학의 많은 부분을 동물에 할애하였다.

---

5　Rothacker 1982, 120 이하, 132 이하.
6　Rothacker 1982, 145.

현대 과학이론가, 언어철학자 또는 해체주의자들은 주저하면서도 다시금 '동물의 정신'으로 관심을 돌리고 있다. 1970년대 이후에 비로소 철학은 특히 행동연구의 실험과 관찰로부터 동물에 관한 반성을 촉구하는 도전에 직면하게 되었다. 이미 고전적인 철학적 인간학에서 했던 것처럼 유인원과 인간의 소통, 즉 다른 종과의 소통이 연구의 중심에 다시 놓이게 되었다. 이 연구는 언어철학자들에 의해 시작되었다. '말하는 동물'은 초기 인간학에서 계속해서 등장했던 주제였다. 여기에서는 먼저 '내적 이성'의 표시로서 동물의 분별력과 지능이 중심에 놓여 있었다. 이와 연관하여 1900년경 유명한 '영리한 한스Kluger Hans'라는 말을 사례로 들 수 있다. 이 말은 소위 "영리한 한스 효과"로 인해 기이한 기념비가 세워질 정도로 많이 알려졌다.

은퇴한 베를린의 초등학교 교사 빌헬름 폰 오스텐Wilhelm von Osten은 마차를 끌었던 말 한스와 일상 속에서 친해지면서 아주 영리한 이 동물의 행동에 점점 더 깊은 인상을 받게 되었다. 그 말이 죽은 후에도 말에 대한 생각이 계속 떠올라 1900년에 갈리아의 골상학적 원리에 따라 선택한 오를로브트라버Orlowtraber라는 러시아 계통의 말 한스 2세를 입양했다. 그 후부터 그는 베를린의 힌터호프Hinterhof에서 이 말을 아돌프 디스터벡Adolf Diesterweg의 교육개혁 원칙에 따라 체계적으로 읽기, 쓰기, 계산을 가르쳤다. 얼마 되지 않아 그 말은 아주 탁월한 능력을 보였다. 이러한 능력 때문에 오스텐은 과학에 관심을 가지기 시작했다. '영리한 한스'는 유명한 기병대장들에게 인기를 끌었으며, 심지어 이성적 동물은 다윈적 세계관에 맞게 적응한다고 여기는 동물학자들에게도 많은 관심을 받았다. 그러나 어떤 유명한 과학자도 그 현상을 진지하게 과학적으로 탐구하려고 들지는 않았다. 그래서 오스텐은 신문사와 장관들을 찾아다녔다.

결국 교육부는 1904년 2월에 심리학 연구소의 소장이자 형태심리학을 정초한 칼 슈툼프Carl Stumpf에게 오스텐을 만나보도록 요청하였다. 1904년 8월에 슈툼프는 이 말이 사실상 동물교육학의 놀라운 사례임을 인정하는 내용을 교육부에 보고해야만 했다. 급기야 1904년 9월에 〈뉴욕타임스〉가 머지않아 독일 황제가 영리한 한스를 직접 만날 것이라는 기사를 냈을 때, 슈툼프는 영리한 한스 현상에 대한 연구를 새로 시작하는 것을 더 이상 회피할 수 없었다.

슈툼프는 13명의 권위 있는 연구자들로 구성된 학제 간 연구위원회를 만들었다. 거기에는 베를린 동물원의 책임자인 루드비히 헤크Ludwig Heck와 동물학자 오스카 하인로트Oskar Heinroth도 참여했다. 이때 슈툼프는 전문가 그룹의 연구목적을 "그 말이 시연할 때 오스텐 씨의 속임수, 즉 의도된 도움이나 영향이 개입했는지에 대한 선행물음"에 제한하도록 했다.[7] "말이 사고하는지 아닌지에 대한 물음"을 슈툼프는 회피한 것이다. 전문위원회는 오스텐이 사실상 속임수를 쓰지 않았으며, 말의 능력을 과장해 돋보이게 하는 어떤 관례적인 훈련방법도 사용하지 않았다는 결론에 이르렀다. 그러나 이러한 결론으로 인해 새로운 전문위원회를 꾸리지

---

7  W16: 9.

않을 수 없게 되었다. 이 위원회는 종마의 사고능력에 대한 곤혹스런 물음에 집중해야 했다.

슈툼프의 젊은 조교 오스카 풍스트Oskar Pfungst는 이 연구를 통해 행동연구의 역사에서 기억되는 인물이 되었다. 그는 고전적 저서『오스텐 씨의 말. (영리한 한스). 실험적 동물심리학과 인간심리학을 위한 기고』[8]에서 영리한 한스의 도전을 "동물영혼에 대한 물음의 역사"에서 나타나는 '두 가지 경향'의 한가운데 서있을 수밖에 없는 인간학의 도전으로 규정했다. "한 경향은 동물을 인간으로부터 가능한 한 멀리 밀쳐내는 것을 목적으로 한다. 다른 경향은 동물에 가깝게 다가가려는 것을 목적으로 한다. 동물의 많은 행동이 이성, 즉 개념적 사고에 대해 어떤 것도 보여주지 않는다는 사실은 논란의 여지가 없었다. 이성적으로 해석될 만한 것으로 여겨지는 다른 행동도 적지는 않았다. 그렇지만 그 행동들이 그렇게 해석되어야 하는지 아닌지를 두고서는 논란이 있었다. 그러한 해석의 요구를 만족시키는 유일하고도 확실한 사실이 있었다면, 동물의 사고능력을 주장하는 사람들에 의해 단숨에 모든 물음이 해결되었을 것이다."[9]

1904년 12월 9일에 슈툼프는 풍스트가 말에 대해 수행한 정밀한 실험에 근거하여 간략한 소견서를 작성했다. 이에 따르면 한스는 영리한 것이 아니라 놀랍게도 실험자가 무의식적으로 하는 몸과 얼굴의 사소한 움

---

8 Das Pferd des Herrn von Osten. (Der kluge Hans). Ein Beitrag zur experimentellen Tier- und Menschen-Psychologie, 1907.

9 W16: 8.

직임을 간파할 정도로 잘 훈련된 것일 뿐이었다. "과제가 무엇인지 모르는 참석자가 있을 경우에 말은 주어진 과제에 실패하였다. …… 즉 말은 헤아릴 수도 읽을 수도 계산할 수도 없었다. …… 결과적으로 말은 고의적으로 주어져서는 안 되는 시각적 도움을 필요로 하였다."[10] 이로써 '영리한 한스'의 사례는 과학적 세계에서 무용한 것으로 처리되었고, 세계 질서는 다시 회복되었다. 어느 누구도 서로 다른 종 사이의 소통, 즉 말이 실험자와의 소통에서 명백하게 보여준 놀랍고도—말 그대로—예민한 해석능력을 계속 연구할 만한 가치가 있는 것으로 여기지 않게 되었다. 모든 연구는 동물의 이성에 초점이 맞추어져 있었다.

'영리한 한스'는 무엇을 남겼나? '영리한 한스'는 행동연구의 실험에서 피해야 할 효과 및 시도가 무엇인가를 보여주었다. 영리한 한스 효과, 피그말리온 효과 또는 기대효과와 같은 말은 항상 실험의 실패를 의미할 때 사용된다. '영리한 한스' 이후부터는 실험하는 동안에 실험자에 의해 의도하지 않게 주어지는 아주 작은 영향을 피하고자 실험동물과 실험자를 공간적으로 분리하는 규정이 생겼다. 또 '영리한 한스' 이후에는 심리학자 콘위 로이드 모건[11]이 제안한 동물심리학의 경제원리Sparsamkeits-prinzip가 많이 인용되고 있다. 하나의 행동이 하위의 심리적 능력에서 나온 결과로 해석될 수 있을지라도 그것을 "상위의 심리적 능력이 가진 작

---

10  W16: 186.

11  Conwy Lloyd Morgan, 1852~1936.

용의 결과"로 해석하지 않는다는 것이다. 이 원리는 "동물의 심리적 복잡
성을 거부하고, 동물의 행동을 굴성운동, 조건적 반성, 실험학습, 오류학
습이라는 제한적 구조에 적용하기" 위해 처음으로 사용되었다.[12] '동물
의 이성' 이외에는 주목할 만한 동물의 소통능력에 대해 과학은 큰 관심
을 보이지 않았다. 풍스트의 소견서는 이미 1911년에 영어로 번역되었
다. 하버드 대학의 심리학자 로버트 로젠탈Robert Rosenthal과 기호학자 토
머스 세벅Thomas Sebeok은 유인원의 언어실험에 반대하기 위해 그의 소
견을 반박했다. 그로 인해 직접 그와 연관된 맥락에서는 '영리한 한스 효
과'에 대한 언급이 자주 등장한다.

---

12  Burghardt 1984, 19.

# '언어적 전환' 이후 동물의 사고

도미니크 페럴Dominik Perler과 마르쿠스 와일드Markus Wild에 의해 편집된 자료모음집 『동물의 정신』[1]은 흥미로운 통찰과 논쟁거리를 제공한다. 이 책에서 우리는 '언어적 전환' 이후 유명해진 언어철학자들과 언어분석가들이 철학에서 다시금 동물의 '정신'으로 방향을 돌리고 있음을 알 수 있다. 이미 루트비히 비트겐슈타인[2]은 『철학연구』[3]에서 "개에게 향하고" 있다. "인간은 동물이 화내고, 두려워하고, 슬퍼하고, 기뻐하고, 깜짝 놀란다고 생각할 수 있다. 그러나 희망하는 것은? 그리고 왜 못하는가?" 이것을 비트겐슈타인은 주인을 기다리고 있는 개를 예로 들어 보여주며, 개가 "그의 주인이 모레 온다고 믿을" 수 있는지 묻는다. 언어를 가진 인간은 이때 다음과 같은 물음의 기준점이 된다. "오직 말할 수 있는

---

1  D. Perler, M. Wild(Hrsg.): Der Geist der Tiere, 2005. Q7.

2  Ludwig Wittgenstein, 1889~1951.

3  Philosophische Untersuchungen, II. 1.

자만이 희망할 수 있는가? 언어의 사용에 숙달한 하는 자만이[희망할 수 있다].”

철학자 노먼 말콤[4]은 『생각 없는 동물』[5]에서 직관에 부합하지 않는 데카르트의 동물 자동기계론과 대결한다. 현대적 해석에 따르면 “모든 느낌, 모든 소망, 모든 의지적 행위, 모든 감정, 모든 감각은 명제적 내용”을 깃는다. 이것은 결국 일종의 ‘사고작용’이 가능하다는 것을 의미한다. 말콤은 명제를 사고할 수 없기 때문에 오늘날에도 여전히 동물을 자동기계로 설명하는 주장은 지성을 넘어선 터무니없는 것이라고 반박한다. 여기에 개가 다시금 언어와 사고 사이의 연관을 탐구하기 위한 적용사례로 등장한다. 말콤은 아마도 개는 ‘사고내용을 가지고 있지’ 않을 수 있지만 그럼에도 불구하고 사고는 할 수 있는 것으로 본다. 이는 결과적으로 개가 언어에 기초한 ‘정신’을 가지고 있지 않지만, 사고내용 또는 명제적 내용 없이도 의식은 가질 수 있다는 주장으로 발전될 수 있다. 다른 관점에서 이 문제를 고찰해 보자.

언어 행동이론을 개척한 존 R. 설[6]에 따르면 외적 표현은 언어행동으로 파악될 수 있다. “개가 무는 버릇이 있다”와 같은 진술내용은 발화수

---

4  Norman Malcom, 1911~1990.

5  Gedankenlose Tiere, 1972.

6  John R. Searle, 1932~현재.

반행위[7]의 역할, 즉 개에 대한 경고와는 구별되어야 한다. '루트비히 비트겐슈타인'이라는 이름을 가진 설의 개는 그에게 의식, 지향성, 사고과정을 숙고할 수 있는 기회를 제공했다.[8] 동물의 사고에 반대하는 주요 주장은 대부분 사고를 위한 전제로서 언어소유의 필요성을 요구한다. "언어가 없다면 사고도 없다"는 주장은 오래전에도 있었고 지금도 여전히 고수되고 있다. 그러나 설은 언어가 없는 갓난아이와 언어장애인도 의식이 있다고 한다면, 왜 언어가 의식의 전제가 되어야 하는가라는 의문을 제기한다. 사람들은 확신과 소망의 명제적 내용에 대해서는 세밀한 단계를 만들면서도 동물에 지향적 성격을 부여할 때에는 그렇게 하지 않는다.

설은 사고내용은 항상 확신의 그물망에서 등장해야 한다는 그의 동료 도널드 데이비슨[9]의 주장을 다음과 같이 논평했다. 데이비슨에 따르면 확신하기 위해, 개는 "참인 확신과 거짓 확신"을 즉각 구별할 수 있는 '확신의 개념'을 가져야만 한다.[10] 이러한 형식으로 제시되는 진리의 차이 Wahrheitsdifferenz는 언어의 맥락에서만 등장할 수 있다. 왜냐하면 진리는 메타언어의 의미론적 술어이기 때문이다. 설은 언어 안에서만 참과 거짓

---

7 발화수반행위란 언어행위의 핵심으로서 어떤 문장의 뜻과 지시를 결정하는 발화행위에 뒤따라 발생하는 행위를 가리킨다. ─ 역주

8 Q7: 132─152.

9 Donald Davidson, 1917~2003.

10 Q7: 139.

을 구별할 수 있으며, 확신과 지향적 상태가 언어를 전제한다는 주장에 대해 의심한다. 후자 즉 지향적 상태는 충족될 수도 있고 충족되지 않을 수도 있는 것인데도 필연적으로 언어가 요구되는가? 이 문제를 설은 생물학적이고 심리학적으로 풀려고 시도하면서 언어 없는 동물도 확신과 지향적 상태를 가질 수 있다고 추측한다. 왜냐하면 동물의 지향은 '지각과 행동의 그물망' 안에 얽혀있으며, "지각과 행동은 지향성의 생물학적 근본형식이기 때문이다."[11]

설은 자신의 개 '비트겐슈타인'이 나무를 보고 짖으며 위를 바라볼 때 고양이가 나무에 있다는 것을 믿고 있다고 기술한다. 왜 그런가? 왜냐하면 고양이가 뛰어올라가는 것을 보았기 때문이다. 그런데 왜 개는 나중에 옆집 정원으로 뛰어드는가? 개가 거기로 고양이가 뛰어드는 것을 보았고, 고양이가 나무에 있다는 것을 지금 더 이상 믿지 않기 때문이다. "동물이 지각에 근거해서 지속적으로 자신의 확신을 수정한다는 사실은 공통적인 것이다. 이렇게 수정하기 위해 동물은 확신이 충족되는 사태연관을 충족되지 않는 사태연관과 구별할 수 있어야 한다. 이처럼 확신에 대해 타당한 것은 소망에 대해서도 타당하게 여겨질 수 있다."[12]

플레스너의 전통적인 이해에 반대하여 설은 자신의 개가 일종의 사태연관에 대한 통찰을 한다고 믿고 있는 것처럼 보인다. 설은 이러한 확신

11  Q7: 140.
12  Q7: 141.

이 없다면 동물의 행동은 이해될 수 없다고 주장한다. 계속해서 그는 다음과 같이 말한다. "이러한 경우에 동물은 참, 거짓, 충족 또는 …… 확신, 소망과 같은 개념을 가지고 있지 않아도 참인 확신을 거짓 확신과 구별하며, 충족된 소망을 충족되지 않은 소망과 구별한다."[13] 확신과 소망을 표현하기 위해 동물은 '참'과 '거짓'의 메타언어적 개념, 대상언어를 소유할 필요가 없다. 그러므로 동물은 참인 확신을 거짓 확신과 구별할 수 있기 위해 언어를 사용하지 않는다. "이로부터 나는 동물에게 정신적 현상을 허용하지 않으려는 데카르트로부터 데이비슨에 이르는 주장들이 설득력이 없다고 결론을 내린다."[14]

설의 짧은 단편은 언어와 정신에 대해 철학자들이 어떻게 논쟁을 펼쳐왔는지를 보여준다. 거기에서 동물이 자신의 뇌를 가지고 어떻게 정신을 산출하는가와 같은 다른 중요한 물음은 뒷전으로 밀려나 있다. 동물에게는 어떤 인식론도 의식이론도 적용되지 않는다. 그러나 설에 따르면 그러한 이론은 동물이 의식을 가지는지의 여부에 관한 물음의 답변에는 관심이 없다. "나의 개가 의식을 갖는다는 사실을 내가 **어떻게** 아는지, 또는 나아가 개가 의식을 갖는다는 사실을 내가 '아는지' 아니면 '알지' 못하는지의 **여부**는 아무래도 좋다. 중요한 것은 개가 의식을 갖는 것은 사실이며, 인식론은 바로 이러한 사실의 영역에서 출발해야 한다는 점이다."[15]

---

13  Q7: 141.
14  Q7: 142.
15  Q7: 151.

언어행동이론가 설이 결정적인 문제를 정확하게 지적했는지는, 아마도 설의 비판을 받은 언어분석가 도널드 데이비슨의 해명 이후에 분명하게 드러날 수 있을 것이다. 데이비슨은 『이성적 생명체』[16]라는 짧은 기고문을 작성했다. 데이비슨은 이 제목에서 지나가면서 필요에 따라서만 동물을 다루고 있음을 이미 보여준다.[17] 왜냐하면 그는 이성적 인간에 대해 언급하기를 원했기 때문이다. 그의 철학 중심에는 인간의 이성, 명제적 태도, 확신, 지향성이 놓여 있다. 이때 그는 "언어를 가진 생명체만이 사고할 수 있다"라는 논제에 관심을 두었으며, 그것과는 완전히 독립된 것으로 보이는 소위 도덕적 함의에는 관심을 두지 않았다.[18]

동물의 사고에 대한 문제는 데이비슨에게 어떤 순수한 경험적인 문제가 아니다. 왜냐하면 '생명체가 명제적 태도'를 갖는다고 할 때 그것을 결정하는 기준이 명확해야 하기 때문이다. 그는 확신이 항상 다른 확신들과의 얽힘 속에 있다는 것을 인정한다. 그러나 단순히 인간이 이러한 확신을 갖는다는 사실은 중요하지 않다. 데이비슨은 인간중심주의라는 비판에서 벗어나기 위해 결국에는 개가 사고한다는 것을 보여주고자 했던 말콤의 이야기를 언급하고 있다. 그 이야기는 다음과 같다.

개 한 마리가 이웃집 고양이를 추격하고 있다. 그 고양이는 개를 피해 자신을 보호하려고 나무로 올라가는 척하면서 올라가지 않았다. 개는 그 나무를 보고 짖고 있다. 관찰자로서 인간인 우리는 "개는 고양이가 떡갈

---

16  Rational Lebewesen.

17  In Q7: 117–131.

18  Q7: 119 Anm. 1.

나무 위로 올라갔다고 생각한다"고 말한다.[19] 이때 우리는 개가 가진 확신, 근거 있는 의도와 소망을 추론한다. 그러나 우리는 실제로 명제적 태도의 존재, 즉 'p는 그런 경우이다'라는 개의 확신을 상정할 수 있는가? 데이비슨은 이러한 문제의 영역에서 발생하는 물음, 예컨대 개가 한 대상에 대해 그 대상이 나무라는 사실을 믿을 수 있는지의 여부에 대한 물음을 먼저 다룬다. 결국 데이비슨이 다루고자 하는 중심적인 물음은 정합적인 확신, 즉 다른 확신과 얽혀있는 그런 확신이 있는가에 대한 것이다. "따라서 기본적으로 확신들의 비정합성이란 불가능하다. 독특한 명제적 태도를 갖는다는 것은 계속해서 정확한 논리를 갖는다는 것을 의미한다. 이것이 명제적 태도를 갖는다는 것이 이성적 존재라는 것을 의미하는 바로 그 이유이다."[20] 그런 점에서 생각한다고 여겨지는 셜의 개는 멍청하게 속임을 당한 것이다. 바로 여기에서 개가 언어를 구사하지 못한다는 사실이 드러난다고 데이비슨은 말한다. 그러나 사고를 언어로 환원하는 것은 중요하지 않다. "오히려 나의 주장은 생명체가 언어를 구사하지 못하면 어떤 사고내용도 가질 수 없다는 것이다."[21] 이는 해석을 위한 능력이 요구된다는 것을 말한다. 따라서 "말 못하는 (= 해석 능력이 없고 언어공동체에 속할 수 없는) 동물이 명제적 태도를 갖다는 결론을 내리는 것"은 문제가 있으며, 매우 잘못된 것이다.

---

19  Q7: 119.
20  Q7: 122.
21  Q7: 124.

이런 점에서 데이비슨에게 확신의 조건은 매우 중요하다. 확신이 없으면 명제적 태도도 없으며, 따라서 이성적 능력도 없기 때문이다. "첫째, 나는 확신하기 위해 확신의 개념을 갖는 것이 필수적이라고 주장한다. 둘째, 나는 확신하기 위해 인간은 언어를 구사해야 한다고 주장한다."[22] 사고하는 존재와 사고내용에 대한 개념을 가진 존재를 구별하는 말콤에 반대하여 데이비슨은 다음과 같이 주장한다. "인간은 사고하기 위해 사고내용에 대한 개념을 가져야 한다. 따라서 두 경우 모두 언어가 요구된다."[23] 이로 인해 비트겐슈타인이라는 이름을 가진 사고하는 개에게 주어질 수 있는 기회는 더 줄어든다. 왜냐하면 개는 확신뿐만 아니라 "확신에 대한 확신"[24]도 가져야 하기 때문이다.

이것이 의미하는 바를 데이비슨은 놀람의 현상에서 설명한다. 놀랄 때 나는 내가 믿었던 것과 지금 내가 믿는 것 사이의 대립을 의식해야 한다. 예를 들어, 나는 주머니 안에 동전이 있다는 것을 믿어야 한다. 그리고 주머니가 비어있고 아무것도 없다는 것을 믿어야 한다. 그래야 나는 놀랄 수 있다. 다시 말해 나는 하나의 확신을 가졌어야 한다. 그리고 이후에 내 생각을 바꿀 수 있어야 한다. 놀랄 때 나타나는 이러한 형태의 의식이 다름 아닌 '확신에 대한 확신'의 예이다. 그 때문에 데이비슨은 확신이 '필연적이며 풍부한 사고 일반의 조건'이 된다고 말한다. 데이비슨은 확신

---

22  Q7: 126.
23  Q7: 127.
24  Q7: 128.

의 개념을 다음과 같은 방식으로 보다 더 상세하게 논의한다. "따라서 확신의 개념을 갖는다는 것은 객관적 진리의 개념을 갖는다는 것을 의미한다."[25] 어떤 것에 대해 확신하기 위해 사람들은 참과 거짓을 구별할 수 있어야 한다. 다르게 말해서 주장이란 진리의 차이를 드러내는 것이다.

그런 점에서 데이비슨은 공통적인 진리개념을 소유하고, 그로부터 나온 타인의 동일한 명제를 이해하기 위해 사람들은 언어소통 능력을 가져야 한다고 말한다. 그러므로 의미 있게 진리를 제대로 말하기 위해서는 '상호주관적 세계'가 요청된다. 상호주관적 세계의 개념은 "확신, 그리고 사고내용 일반을 위한 기초"[26]가 된다. 바로 이 점에서 데이비슨은 최종적으로 개의 사고와 결별하고 자기 자신이 의미공동체의 방식으로 다른 생명체와 실존하는 '이성적 생명체'임을 확인한다. "오로지 이성적 생명체가 진리개념을 공유한다는 사실이 그 생명체가 확신을 가지며 공적인 세계에 있는 대상에게 자리, 즉 의미를 부여할 수 있다는 주장을 가능하게 한다."[27] 데이비슨에 따르면 이성성은 소통하는 자들만이 가지는 사회적 표지이다.

일상적인 개의 행동을 둘러싼 데이비슨과 설 사이의 논쟁은 일반적으로 인식론적 문제에 대한 통찰을 부여하며, 어떤 사례를 가지고 동물의 언어, 사고, 의식에 대한 철학적 논의를 이끌 수 있는가를 보여주었다. 여

---

25  Q7: 129.
26  Q7: 130.
27  Q7: 131.

기에서는 무엇보다도 동물이 개념을 가질 수 있는지, 어떤 **개념**을 가질 수 있는지가 중요했다. 그런데 동물이 추론할 수 있는지에 대한 물음이 제기되면 문제는 한층 더 어려워진다. 이런 경우에는 경험할 수 있는 동물적 삶의 일상적 상황으로부터 출발하는 경험적 검토와 분석적 반성이 다시금 구체적으로 수행되어야 한다.

이에 대한 논의는 이미 고대에서 크리시포스의 개에 관한 사례에서 제시된 적이 있다. 이 논의의 배경에는 스토아학파 이후에 성립된 인간과 동물의 차이에 관한 입장이 담겨있다. 이에 따르면 동물은 본질적으로 종에 고유한 본능을 통해 특징지어지고, 인간은 유일하게 종적으로 그에게 고유한 이성을 통해 특징지어진다. 회의주의자 섹스투스 엠피리쿠스 Sextus Empirikus는 스토아학파의 '독단론자' 크리시포스를 강하게 비판하기 위해 그의 개에 대한 이야기를 한다.

크리시포스는 "개가 세 갈래 길을 만나서 맹수가 지나가지 않은 두 길의 냄새를 맡은 후에 즉시 전혀 냄새도 맡지 않은 세 번째 길로 달려간다고 했을 때 이 개가 여러 부분으로 이루어진 5단계의 논증을 사용한다"는 주장을 했다고 한다. 이에 따르면 그 개는 다음과 같은 방식으로 논리적 추론을 수행할 수 있었다. "맹수가 여기 아니면, 여기 아니면, 여기로 지나갔을 것이다. 그러나 여기도, 여기도 지나가지 않았다. 그러므로 여기이다." 이것을 현대적으로 정식화하면 다음과 같다. "A 아니면 B 또는 C, B 아니면 A 또는 C, C 아니면 A 또는 B의 경우이다. 그런데 이때 A

도 B도 아니다. 그러므로 C이다."[28] 이 논증에서 중요한 것은 C의 길에 대한 추론을 개가 하고 있다는 사실이다. 이때 개는 앞서 냄새도 맡지 **않았다**. 이처럼 개가 수행한 '이성적 추론'의 문제를 철학적으로 어떻게 봐야 할 것인가?

우선 동물의 행동이 학습될 수 있는가의 여부가 검토되어야 할 것이다. "그러나 비언어적 존재에게 이러한 행동의 지향적 표현이 적합한 것으로 여겨질 수 있는가를 논쟁할 필요는 없다."[29] 그럴 경우에 가장 최선의 설명이 될 수 있는 것은 주체가 양자택일적 추론에 의거하고 있는가, 심지어 추론의 원리에 대해 앞서 숙고하지 않고도 그렇게 할 수 있는가에 대한 문제일 것이다. 길버트 라일[30]에 따르면 인간의 지적 행동 자체는 거의 명시적 절차에 의거하지 않는다. 사람들은 이런 점에서 섹스투스 엠피리쿠스를 지지할 것이다.

그러나 문제는 여전히 남는다. 이렇게 비명시적 추론을 표현하기 위해서 동물이 비언어적 추론에서 사용하는 '그러므로'에 해당하는 것은 무엇인가? "이러한 물음에 대해 개를 옹호하는 답변은 없다."[31] 이에 반해 유인원은 약하지만 '그러므로'를 유사하게 사용하는 것으로 인정되고 있다.

---

28  Schütt in Q8: 28—32.

29  Glock in Q7: 181.

30  Gilbert Ryle, 1949~현재.

31  Glock in Q7: 181.

# 유인원에 관한 담론

1970년 이후에는 더 이상 지능적인 말 또는 사고하는 개가 아니라 말하는 원숭이가 철학에서 도전적 문제로 등장했다. 이전까지만 해도 동물 언어라는 것은 아주 회의적인 것으로 취급되었다. 그러나 이때부터 음성은 아니지만 청각장애를 위해 고안된 기호언어Zeichensprache와 상징언어로 소봉하는 침팬지가 큰 주목을 받기 시삭했나. 몇몇 유인원은 그것으로 유명해졌다. 대표적으로 여자 침팬지 와슈Washoe, 여자 고릴라 코코Koko, 남자 고릴라 보노보 칸지Bonobo Kanzi가 있다. 이 유인원들은 이례적으로 상호 소통활동을 하고 IQ테스트에서 '정상적 인간'에 근접하는 지적 능력을 보여주었다. 『원숭이가 세상을 보는 것처럼』이라는 책은 영장류 동물학Primatologie과 관련된 중요한 주제를 다루고 있다.[1]

---

1  Wie Affen die Welt sehen. Cheney/Seyfahrth 1994.

첫 번째 국면에서는 특별히 언어학자와 언어철학자가 '원숭이 언어'에 대한 비판자로 등장하였다. 여기에는 유명한 언어학자 진 우미커 세벅Jean Umiker-Sebeok과 토머스 세벅Thomas Sebeok이 포함된다. 이들은 1980년에 다음과 같은 세 형태의 비판점을 구별하였다. ① 부정확한 행동관찰, ② 과도한 해석, ③ 배후에 영리한 한스 효과를 감추고 원하는 결과의 방향으로 동물의 행동을 의도하지 않게 변경하는 것. 이러한 비판을 의식한 많은 영장류 동물학자는 실험조건을 철저하게 관리했다. 예컨대 '영리한 한스 효과'를 지속적으로 차단하기 위해 컴퓨터를 도입했으며, 그것을 매개로 하는 상징적 인식을 통해 유인원과 소통했다. 특히 난쟁이 침팬지 칸지와 함께 진행한 수 새비지 럼보Sue Savage-Rumbaugh의 연구는 방법적으로도 정확한 것으로 여겨졌다. "다양한 방식의 통제, 이중 맹검법Doppelblind 실험[2], 신중한 통계자료 분석, 컴퓨터 저장에 의한 철저한 자료관리"[3]가 유인원의 지향적 소통에 대한 증거로 인정되었다. 그럼에도 의도하지 않은 암시, 실험자에 의한 조작이 있을 수 있다는 점에 초점을 맞춘 비판은 계속 제기되었다.

많은 경우에 동물은 반항적 태도를 보였다. 침팬지들은 실험에서 조용

---

2 실험을 수행할 때 편향작용을 막기 위해 실험이 끝날 때까지 실험자 또는 피험자에게 특정한 정보를 공개하지 않는 방법을 맹검법(盲檢法, blinded experiment)이라고 한다. 앞서 이 책에서 다룬 영리한 한스 효과가 그러한 편향작용을 피하려는 조치로 등장하였다는 것을 알 수 있었다. 편향작용은 의도적인 것일 수도 있고 무의식적인 것일 수도 있다. 실험자와 피험자에게 모두 맹검법이 적용되었을 경우에 그것을 이중맹검법(double-blind trial)이라고 한다. — 역주

3 Dupré in Q7: 307.

히 앉아 있으려 하지 않았다. 여자 고릴라 코코는 아주 의도적으로 테스트에 협조하는 것을 매번 거부하였다. 여자 침팬지 라나Lana는 소통이 단절되었을 때 자신의 컴퓨터에 직접 "제발 기계야 라나에게 마침표를 찍어줘"라고 입력했다는 보고가 있다.[4] 연구대상은 그러한 상황에서 반항적이거나 고통 받는 주체로서 자신을 드러냈다. 이에 대해 영국의 여성 철학자 메리 미즐리Mary Midgley는 다음과 같이 논평하였다. "우리는 동물이 어느 정도까지 인간처럼 반응할 수 있는지를 알고자 한다. 그러면서도 우리는 동물을 실험대상으로 사용하고 인간에게 결코 해서는 안 되는 방식으로 동물을 대하고 있다."[5]

객관성의 이상Ideal은 동물의 행동을 이론적으로 설명할 때 특별한 실험조작 방법 및 경제원리를 요구할 뿐만 아니라 어느 정도의 범위에서는 동물윤리의 차원을 무시함으로써 획득된다. '영리한 한스'는 토론하는 곳마다 항상 등장한다. 아이러니한 것은 그것이 바로 실험자 측에서 의도하지 않은 아주 미미한 영향에 의해 일어나는 현상이라는 점이다. 그러한 현상은 인간과 동물의 양 방향에서 '동물기호학적 소통'(세벽)을 드러내는 새로운 방식을 통해 밝혀진다. 그러나 언어에 고착된 철학자는 거의 대부분 그것을 주제적으로 다룰 수 없었다. 결과를 위한 실험자의 조작을 배제하기 위한 규범, 통제, 재생산의 가능성에 대해 전반적으로 주목할 필요성이 요구된다. 이러한 일련의 정규실험 외에도 여자 고릴

---

4  Breuer 1981, 133.

5  재인용, Breuer 1981, 133.

라 코코가 인형과 대화를 나누다가 그만두는 장면도 분명히 관찰되었다. 그러나 그것은 비학문적인 '일화'로 기록된다. 두 주체 사이 일어나는 복잡한 소통의 상황에 대해 집중적으로 조망해볼 경우에 과학은 방법적 딜레마에 빠지게 된다. "한편으로 동물의 행동이 더 정확하게 통제되고 더 잘 예견될수록 의식적이든 비의식적이든 조작의 비난을 피하기는 더 어려워진다. 다른 한편으로 동물에게 더 많은 자유가 부여되고 통제하지 않고 더 자발적으로 표현할 수 있게 할수록 동물의 행동에 관한 보고서는 '일화와 같은 것'이 되어 학문적 수준의 하락을 초래한다."[6]

방법적 딜레마 및 그와 관련된 문제에도 불구하고 와슈 또는 칸지와 같은 유인원이 표상할 뿐만 아니라 자신들의 '언어'에 있는 추론적 상징을 사용한다는 사실이 부분적으로 수용되었다. 또한 문자기호의 사용을 통해 많은 원숭이들이 정상적인 일상언어의 수준에 도달해 있으며, 거의 경험적 개념을 사용하는 수준에 있다는 사실이 인정되었다. 그러나 이러한 조작의 구체적인 적용과 조작의 형식적 적용은 구별될 수 있다. 후자에는 '근거'와 같은 순수 개념들이 포함된다. 이것을 통해 인간은 맥락과 완전히 분리될 수 있는 논증적인 담화, 즉 이론적, 실천적 또는 미학적 담화를 할 수 있다. 이러한 담화능력이 유인원에게는 없는 것으로 보인다. 여기에서 고전적인 철학적 인간학에서 보여주는 것처럼 인간과 그와 유

---

6  Dupré in Q7: 313.

사한 동물 사이의 분명한 차이를 강조하는 경계가 드러난다.[7]

    마지막으로 한 번 더 두드러진 유인원의 사례를 통해 제시되는 '언어', '자기의식', '정신이론'과 관련된 인식론적 난제에 주목할 필요가 있다. 일반적인 비판은 이미 '언어'라는 용어에서 시작된다. 개는 짖을 수 있고, 유인원도 흔히 자신의 소리를 낸다. 이러한 '소리' 또는 발성표현은 심지어 '신호체계Signalsystem'로도 기능하지만, 자연언어로서 낱말과 원리를 통해 많은 낱말을 만들어내는 인간 언어의 기준에는 미칠 수 없다는 것이다. 자연언어는 ① 조립되며, ② 생산적이고, ③ 분리되며, ④ 의미론적이다.[8]

    이러한 특징들 중의 몇 가지를 유인원이 전달하는 기호의 관점에서 고찰해 보자. 유인원의 기호에서도 기호발신자와 수신자는 서로 의미를 공유하고 있음에 틀림없다. 눈에 띄는 점은 습득된 기호언어의 95%는 명령을 나타내는 표현, 즉 '나무 위로 올라가!'처럼 일종의 요구를 가긴 기호로 이해될 수 있다는 사실이다. 5%는 관련된 대상에 관한 주장과 연결된다. 침팬지는 정신적 표상을 번역하고 추상적 이념(가령 색깔)을 옮기며 많은 경우에는 임의의 기호와 대상 사이의 추상적 관계도 이해할 수 있다.[9] 심지어 훈련받은 유인원은 기호를 폭넓게 사용한다는 사실도 알려져 있다. 그러나 생산성과 조립성, 즉 기호의 고안과 새로운 조합에 대

---

7  Thies 2004, 103.

8  Bremer in Hermann et al. 2005, 302.

9  Q7: 303.

한 증거는 미심적인 것으로 여겨진다. "낱말의 순서를 구별할 수 있다는 것이 통사적 이해를 한다는 것을 의미하는 것은 아니다. 유인원은 새로운 통사적 구조를 만들 수 없다. 유인원은 익숙한 구조에 어휘를 삽입함으로써 새로운 표현을 만든다."[10] 그러므로 원숭이가 기호사용의 복합적 사례와 소통과정을 보여준다고 할지라도 '동물의 언어'에 대해 말하는 것은 문제가 될 수 있다. "추측컨대 동물에게는 지향적으로 행동하는 자기 자신과 동족을 이해하게 하는 지향적 체계의 이론이 없다고 여겨진다."[11]

이러한 점은 자기의식이라는 오래된 인간학적 기준에 대한 논의와 연결된다. 원숭이 또는 유인원은 의식의 특권적인 형식을 위한 후보로 자주 등장한다. 그 때문에 자기의식은 "인간으로 여길 수 있는 척도"로서 지속적으로 영장류 동물학자와 철학자에게 주제가 되고 있다.[12] 이 문제는 이미 그 용어에서 시작된다. 많은 경우에 '의식'과 '자기의식'이라는 말은 동의어로 사용된다. 대개 '의식'은 자기와 타자를―이때 자신을 반드시 의식할 필요는 없다―구별할 수 있는 능력일 뿐인 '자기인식'과는 명백하게 구별된다. 따라서 '의식'은 일종의 메타-자기의식으로 이해될 수 있다. 이것은 행동방식의 설명과 진단을 위해 의식의 상태와 의식

---

10  Q7: 304.
11  Q7: 304.
12  Cheney/Seyfahrth 1994, 319−326.

의 사용에 대한 개체의 분별능력을 포함한다.[13] 이러한 영리한 분별력은 원숭이와 유인원이 자기인식을 한다는 징표의 배경이 된다. 예컨대 코코 또는 보노보 칸지의 경우에 이들이 자신의 이름을 사용할 때가 그렇다. 언어실험의 기획에서 대부분의 유인원이 자기인식을 하고 있다는 사실은 전제되었다. 실험동물이 거울을 보고 자기 이마에 있는 얼룩이 자기의 것이라고 인식한다는 거울실험은 오래된 것이다. 마지막으로 연극도 자기인식에 대한 증명이 될 수 있다. 왜냐하면 하나의 역할을 한다는 사실을 알기 위해서는 허구와 현실이 구별되어야 하기 때문이다. 침팬지, 보노보와 같은 고릴라에 관한 몇 가지 일화가 그러한 징후를 보여준다.[14]

그러나 기호언어에서 인칭대명사(나)의 사용이나 거울실험도 여전히 논란이 되고 있다. 여기에서는 항상 다음과 같은 물음이 제기된다. "도대체 어떤 행동이 자기의식을 부여하는 토대일 수 있는가?"[15] 자기 자신을 이해하는 사람은 타자를 이해하는 원천을 가질 수 있나. 그러나 타자에 대한 숙고가 자기의식에 선행할 수도 있다. 유인원 연구자들은 침팬지가 다른 침팬지의 의도를 인식한다는 것을 증명할 수 있다고 믿는다. 이에 반해 인류학자 마이클 토마셀로Michael Tomasello는 모든 동물에게 동족을 지향적 체계로서 인식하게 하는 '정신이론'이 없다는 주장을 고수한다. 바로 정신이론은 인간 문화의 표지이며 진화론적 구별을 드러내

---

13  Q7: 319.
14  Q7: 324.
15  Bremer in Hermann et al. 2005, 305.

기 때문이다.[16] 그러므로 인간이 아닌 유인원은 심지어 생각과 소망을 가지지만, 자기를 의식하는 존재로서 자신을 이해하지 못하는 '유사 지향적 존재'일 뿐이다. 유인원은 동족의 전략을 이해하지 못하고 주요 자극에만 반응한다. 그러므로 인간만이 타자의 관점을 알아낼 수 있는 능력을 갖추고 있다. 이처럼 부분적으로 자기의식을 제한하는 토마셀로의 주장에 의해 다시금 유인원의 '정신이론'은 비판을 받는다.[17] 복합적인 과학적 논의는 그러한 비판에 계속해서 새롭게 불을 붙였다. 소위 거울신경세포Spiegelneuron의 발견, 즉 타자의 행동이 관찰되거나, 그 행동이 수행될 때 활동하는 신경계의 기제가 원숭이에게서 발견된 것이 그 사례라고 할 수 있다.[18] 그것은 모방, 이해 그리고 타자의 행동과 자기행동을 구별하는 데 중요한 역할을 하는 것이다. 이러한 새로운 발견들은 "자신이 안다는 것을 아는 동물은 반드시 정신이론을 갖는다"는 주장을 계속해서 검토하도록 만들었다. 그 때문에 영장류 동물학자와 철학자는 이 문제에 대해 학제간 연구로 대응하지 않을 수 없었다.[19]

---

16  Tomasello, 2006.
   토마셀로의 책 『생각의 기원』(이데아, 2017)은 국내에 번역되어 있다. 그의 주장을 간단히 정리하면 다음과 같다. 영장류는 동종 간의 경쟁으로 사회적 인지와 생각을 복잡한 형태로 진화시켰다. 그러나 유인원은 인간과 같은 사회성이나 의사소통에는 이르지 못했다. 초기 인류는 협력활동과 의사소통을 통해 새로운 형태로 생각하는 능력을 가지게 되었고, 이로부터 발전된 관습적 문화와 언어는 인간의 생각과 추론을 특유의 복잡한 형태로 진전시켰다. 이러한 진화는 문화에 따라 특별한 인지능력과 생각의 유형을 풍부하게 만들었다. — 역주

17  Bremer in Hermann et al. 2005, 306.

18  Herrmann et al. 2005, 279.

19  Cheney/Seyfahrth 1994, 319—326; Bremer in Hermann et al. 2005, 305f.; Dupré in Q7: 295—322.

이러한 광범위한 논의와 연구에서 문제가 되는 주도적인 물음—일차적인 인식의 관심—은 항상 다음과 같다. 누가 우리와 같은 자인가? 여기에는 인간중심주의와 의인관의 위험이 항상 도사리고 있다. 그에 반해 인지동물행동학의 다른 문제들은 부차적인 것으로 보인다. 이 문제들은 일부는 우연적인 것으로, 일부는 방법적인 것으로 여겨지기도 한다. 이에 대한 연구는 한편에서는 야생에서 동물을 경험적으로 탐구하는 방향으로, 다른 한편에서는 정신적인 것, 예컨대 지향적인 어휘를 강조하는 방향으로 나뉜다. 후자에 대해 분석적 정신철학은 적극적으로 개입하기를 원한다.[20]

당연히 거기에는 다음과 같은 물음이 끈질기게 제기되고 있다. 동물의 행동을 설명하는 우리의 개념이 적절한가, 그렇지 않은가? 그러나 인간이 연구하는 한에서 그 연구를 가능하게 하는 인간의 개념은 거기에 존재하게 될 것이다. 그렇지 않으면 결코 연구는 성립될 수 없을 것이다. 인간이 감정을 가지는 한에서 내적 성찰, 감정이입 또는 공감은 인간의 자기체험과 대비하여 주어질 것이다. 인간이 감정적으로 자기에 빠져 동물의 의식에 '인간적 감정을 이입'할 뿐만 아니라—막스 셸러가 한때 '자연애Naturliebe'의 맥락에서 상세하게 다룬 것처럼[21]—동물과 함께 하나 됨(!)을 느끼려 한다면, 방금 설명한 몇 가지 개념들과 추론 그 이상이 필요하다. 그렇다고 한다면 다시금 인간과 동물이 들어서 있는 자연질서에

---

20  Q7: 54ff.
21  Scheler 1923, 124 u. 189.

대한 철학적 앎을 포함하는 복합적인 철학적 인간학과 자연철학과의 연관이 논의되어야 할 것이다.

## 3장

## 나는 동물을 배려하여 무엇을 해야 하는가?

# 이 물음은 왜 제기되는가?

동물윤리학은 서양 도덕철학의 기준에서 볼 때 아주 최근에 생긴 분야이다. 20년 전에만 해도 대학에서 동물윤리를 위한 철학 세미나를 한다는 것은 이상하게 보였다. 1990년대 이후 일반 철학사전과 윤리학 개론에 동물윤리에 대한 항목이 들어 있다는 사실은, 동물윤리학이 그 사이에 철학분과로 성립되었음을 보여주는 것이다. 동물윤리학은 통합적인 내용, 즉 생명의학, 자연보호 및 환경윤리의 영역을 아우르는 주제를 다룬다. 어떻게 해서 '동물'이 학술적으로 수용된 대상, 특히 철학적 윤리학의 대상이 되기에 이르렀는가?

동물에 대한 윤리적 물음은 오래전부터 동물과 일상적으로 맺어온 관계의 근본적인 불안정Verunsicherung을 전제로 하고 있다. 동물과의 올바른 관계에 대한 물음은 일찍이 고대에서부터 아주 구체적으로 제기되었다. 그러나 이 물음은 고대에서 믿어온 영혼의 단계적 질서가 신뢰성을 상실하면서부터 다시금 절실한 문제로 부각되기 시작했다. 분명 아리스토텔레스 시대까지만 해도 타당하게 여겨진 확신, 즉 변할 수 없는 자연질서에서 식물은 동물을 위해, 식물과 동물은 인간을 위해 있다는 사실에 대한 확신이 있었다. 이러한 확신을 의심하지 않는 한 동물의 사용에 대한 물음을 근본적으로 제기할 이유는 없었다. 나아가 우주의 영원성이 동물과 식물의 영원성도 보장하는 한 이들의 보존을 염려할 필요도 없었다. 이들의 사멸과 멸종은 18세기에 들어서기까지 형이상학적 이유로 사유되지 않았다. 그런 점에서 동물과 식물과의 관계를 숙고하려는 자연보호 윤리의 동기도 없었다.

자연보호 윤리라는 형태의 사고에 돌입하기 위해서는 위계적이고 안정된 세계를 상정하는 고대와 중세의 주도적인 사상을 송두리째 뒤흔드는—형이상학적이고 윤리적인 인간의 위치가 새롭게 규정되어야 하는—역동적인 변혁이 요구된다. 이전의 세계상에 대한 의심이 증내하면서 가시적인 자연질서에서 부여된 인간의 최고위상도 명백한 근거를 상실하게 되었다. 세계 안의 모든 것이 인간의 행복을 위해 존재한다는 인간중심적 확신도 의문시되었다. 이때 '새로운 감성neue Sensibilität'[1]을 위한 공간이 생겨났다. 고통과 복지에 대한 관심은—인식적 감각주의의 동기와 함께—경험적으로 정초된 인간과 동물의 유사성에 대한 논의로 발전되었다. 따라서 인권의 이념이 부각된 18세기에는 많은 저서를 통

---

1 Thomas 1983.

해 확산된 자연적 동물권의 이념과 동물보호라는 실천적 개념이 등장했다. 이 개념은 19세기에 동물보호 단체의 설립과 광범위한 동물보호운동으로 연결되었다.

2차 세계대전 직후 몇 년이 지나지 않아 엄청난 성과를 거둔 과학과 기술의 발전이 자연에 끼치는 부정적 영향이 미국에서 확연하게 노출되었다. 사람들은 이제 자연이 망가질 수 있다는 것을 알기 시작했다. 유행병에 걸린 동물의 대량살상, 고도의 기술을 통한 농장과 도살장에서의 동물관리, 끔찍한 동물실험에서 빈번하게 자행되는 무분별한 동물사용은 이때부터 당연하게 여겨온 인간에 의한 동물사용을 심각한 문제로 보도록 만들었다. 여성생물학자 레이첼 카슨Rachel Carson[2]과 퀘이커 교도이자 여성저널리스트인 루스 해리슨Ruth Harrison[3]의 연구는 세상 사람들을 깜짝 놀라게 했다. 이러한 배경에서 1970년대 초에 최초로 동물윤리에 관한 책들이 출판되었다. 이 책들은 먼저 감정중심적pathozentrisch 공리주의의 기본틀에 기초한 제러미 벤담Jeremy Bentham의 해방운동과 연관된 수사학을 사용하면서도, 다른 한편으로 이전에 있었던 동물권의 이념도 차용했다. 새로운 동물권의 철학을 주창한 이후의 몇 사람은 1960년대 미국의 시민권운동에서도 영감을 받았다.

---

2 『침묵의 봄』(Silent Spring, 1962). 독일어 번역판, Der stumme Frühling, 1963.

3 『동물기계. 새로운 공장식 축산업』(Animal Machines. The New Factory Farming Industry, 1964). 독일어 번역판, Tiermaschine. Die neuen landwirtschaftlichen Fabrikbetriebe, 1965.

기폭제가 된 것은 호주의 윤리학자 피터 싱어[4]가 정리한 서평이었다. 싱어는 영향력 있는 신문 〈뉴욕 책서평〉[5]에 모음집 『동물, 인간 그리고 도덕』[6]에 관한 서평을 썼다. 서평의 제목은 이후 그의 철학 전체의 기획과 연관된 "모든 동물은 평등하다"였다. 모음집의 편집자는 엄격한 채식주의자로 살고 있는 캐나다 철학자 부부 스탠리Stanley와 로슬린드 고드로비치Roslind Godlovitch, 그리고 이들과 함께 옥스퍼드 대학에서 연구했고 특히 리처드 헤어Richard Hare에게서 수학한 존 해리스John Harris였다. 이 책은 새로운 동물권 운동을 진지하게 다룬 최초의 철학책으로 평가받았다.[7] 편집자들은 루트 해리슨에게 '공장식 축산업Factory Farming'ㅡ이 표현은 그가 자신의 책을 쓰면서 새롭게 만든 것이다ㅡ에 관한 기고를 부탁하였다. 그 외에도 당시 옥스퍼드 대학에서 활동하고 있는 심리학자 리처드 라이더Richard Ryder는 동물실험에 대한 기고에서 처음으로 지금까지 전단으로만 퍼뜨렸던 투쟁 개념, 즉 '종차별주의Speziesismus'ㅡ이 개념은 유일하게 인간 종족의 귀속성에 근거하여 인간의 특수한 지위를 주장하는 것에 반대하는 용어로 사용된다ㅡ에 대해 설명했다. 1970년에서 1973년까지 마찬가지로 옥스퍼드 대학에서 강의를 하면서 거기에서 고드로비치와 라이더를 알게 된 싱어는 이들의 관심과 사상에서 영감을

---

4   Peter Singer, 1946~현재.
5   The New York Review of Books.
6   Animals, Men and Moral, 1972.
7   Nash 1989, 142.

받았다. 싱어의 서평은 자신의 책『동물해방』[8]을 위한 근간이 되었다. 이 책은 "새로운 동물권 운동의 성경"로 여겨지며 22개의 언어로 번역되었다. 이어서 7개의 언어로 번역된 가장 영향력 있는 그의 저서『실천윤리학』[9]이 출판되었다.

이렇게 볼 때 동물에 대한 주제를 학술적으로 진지하게 다루고, 수십 년 내에 동물윤리학을 철학적 분과로 만든 사람들은 특히 옥스퍼드 대학에서 우연히 함께 했던 젊은 영어권 철학자들이었다. 이론을 제공한 주도적인 학자로서 피터 싱어는 동물윤리에 대한 공통적인 관심을 공리주의라는 이론적 구조에 부어넣어 공리주의적 동물윤리학을 위한 진로를 개척했다.

---

8  Animal Liberation, 1975. 독일어 번역판, Befreiung der Tiere, 1982.
9  Practical Ethics, 1979. 독일어 번역판, Praktische Ethik, 1984.

# 모든 동물은 평등한가?
## : 도덕적 지위, 이익, 평등성

급속도로 발전하는 동물권 논쟁은 미국에서 격렬하게 전개된 낙태의 합법성에 대한 논쟁과 생명의학을 둘러싼 다른 갈등들—이 갈등들은 제도화되고 있는 생명윤리의 틀에서 다뤄졌다—과 시기적으로 맞물려 있었다. 의학적 한계상황에서 일어나는 인간 살해의 합법성이 논의의 핵심 문제로 자주 등장했다. 마이클 툴리Michael Tooley의 영향력 있는 논문 「낙태와 유아살해」[1]가 1972년에 발표되었다. 이 논문의 기본사상은 피터 싱어의 『실천윤리학』에서도 상세하게 논의된 바 있었다. 툴리는 철학적 윤리학자와 신학적 윤리학자가 흔히 일어나는 감각적 능력을 가진 고등 동물의 끔찍한 도살에는 어떤 충격도 받지 않으면서, 인간태아와 식물인간 살해의 합법성에 대해서는 왜 그렇게 격렬하게 반대하는지에 대해 묻는다. 결국 동물윤리적 고찰은 생명윤리적 분야, 특히 소위 '인간의 한계

---

1    Abortion and Infanticide, 1972.

상황'을 다루는 분야와 겹치는 주제가 되었다. 장 클로드 볼프Jean Claude Wolf는 동물윤리의 혁명적 내용은 다음과 같은 사실에 있다고 일관되게 주장한다. "인간과 동물을 끔찍하게 다루고 **살해하는 것은 동일한 근거에서** 비도덕적이다. …… 강력한 주제, 즉 동물윤리의 본래적인 핵심은 도살금지의 근거와 연관되어 있다. 이로부터 동물윤리학은 **윤리학의 어떤 장식물도, 주변적 갈래도 아니며 윤리학 일반의 근거를 제시하기 위한 중심점**이라는 사실이 드러난다."[2]

이미 로슬린드 고드로비치는 동물이 다수의 사람은 물론이고 철학자에게도 정의로운 공동체의 평등한 구성원으로 수용되고 있지 않다는 점을 비판했다. 그는 당시 출판된 롤스의 『정의론』[3]이 동물에 관해서는 사실상 최소한의 부분도 할애하고 있지 않다는 것을 노골적으로 지적했다. 고드로비치가 동물의 도덕적 권리를 강력하게 요구했다면, 싱어는 벤담을 계승하면서 감정중심적 공리주의의 틀에서 감각할 수 있는 모든 생명체에 대해 ─고통을 피하기 위해─ 평등하게 배려할 것을 주장했다. 두 학자에게 공통적인 것은 동물이 도덕적으로 평등한 구성원으로서 '도덕 공동체' 안으로 수용되어야 하며, 그러한 방식으로 소위 '도덕적 지위'를 가져야 한다는 주장이다.

싱어는 사실적 평등성과 '도덕적 이념'으로서의 평등성을 신중하게 구

---

2  Wolf 1992, 19.
3  Theory of Justice, 1971.

별한다.[4] 나아가 그는 평등한 대우와 평등한 배려를 구별한다.[5] 왜냐하면 공평한 가치평가의 척도에 따라 평등한 대우를 요구하는 평등한(!) 이익이 사실상 언제 주어지는가는 실천에서 쉽게 해결할 수 없는 문제이기 때문이다. "이익은 항상 존재할 수 있을 때 이익으로 존재한다."[6] 이 말은 아주 매력적인 평등한 이익 배려의 원칙이라고 할 수 있다. 그러나 이 원칙은 일차적으로 제시할 만한 형식적인 행동규칙일 뿐이며, 그 자체로는 다음과 같은 이유로 여전히 많은 것을 부여하지 못한다. 첫째, 왜 사실적인 이익이 도덕적으로 배려되어야 하는지에 대한 근거가 제시되어야 할 것이다. 둘째, 도덕적으로 수용될 수 있는 이익 또는 도덕적으로 비난받는 이익이 정말로 문제가 되는지, 그리고 타자와 갈등할 경우에 어떤 이익이 어떤 근거로 우선되어야 하는지에 대한 논의가 있어야 한다. 셋째, 행동규칙에 의한 배려의 방식과 구체적인 개별행동이 아직 확정되어 있지 않다. 따라서 구체적인 사례를 판단할 때 의문시되는 이익에 대해 어려운 질적 가치평가를 앞서 할 수 있기 위해서 사람들은 마지막에는 이익을 보는 자의 사실적 평등과 불평등으로 다시금 되돌아가야 한다.

싱어 자신이 제기하고 있듯이 고통을 평가할 때 가령 이익을 보고 있는 자가 암에 걸린 한 인간인지 쥐인지가 중요할 수 있다. 왜냐하면 인간

---

4  Singer 1982, 24.
5  Singer 1994, 42.
6  Singer 1994, 39.

이 아닌 존재로까지 평등한 이익의 숙고를 연장시킨다고 해서, "서로 다른 종의 구성원들이 취하는 이익을 비교하는 것으로 우리가 주의를 기울여야 할 것으로부터 자유로워지는 것이 아니기 때문이다. 많은 상황에서 어떤 종의 개체는 다른 종의 개체보다 더 큰 고통을 받을 수 있다."[7] 또한 이때 다음과 같은 인식론적 물음도 제기된다. 동물의 이익이 제대로 인식될 수 있는지, 그것이 제3자의 관점에서 기술될 수 있는 객관적 이익인지, 아니면 동물의 이익을 인간체험의 형태로 특징짓는 1인칭적 관점의 의인관과 유사한 기술이 그 배후에 있지 않은지, 나아가 실제로 동물에게 이익과 도덕적 권리요구가 주어질 수 있는지의 여부이다. 그러므로 이익 개념과 연관된 물음은 아직도 끝난 것이 아니다. 왜냐하면 이익이 도대체 무엇인지, 그와 연관하여 어떤 내용이 그 이익에 속할 수 있는지가 분명히 해명되지 않고 있기 때문이다. 이러한 물음들은 현대 동물윤리학이 계속해서 연구해야 할 문제들이다.

그러나 이익과 연관하여 동물의 평등한 배려를 요구하는 윤리적 노력과는 다른 시도도 등장하고 있다. 그것은 확대된 '평등한 도덕공동체'가 최종적으로는 매우 다양한 종들의 구성원으로 구성되어 있다는 통찰에서 다시금 출발한다. 지금까지 진행된 연구 중에서 가장 기초적인 연구로 여겨지는 메리 앤 워렌Mary Ann Warren의 『도덕적 지위』[8]는 이에 대해

---

7   Singer, 1994, 86.
8   Moral Status, 1997.

시사하는 바가 크다. 이 연구는 '생명—감각—이성'이라는 오래된 존재 단계의 질서를 '도덕적 지위의 원칙'으로서 '생명원리 존중—잔혹성 반대원칙—행위자의 권리/인권원칙'의 질서로 되돌리는 것을 주요 내용으로 하고 있다.[9] 워렌은 '도덕적 지위'에 대한 단일한 기준의 정의와 그로부터 자주 도출되는 평등주의적 권리요구, 즉 도덕적 지위를 가진 존재를 위한 평등한 대우의 권리요구에 대해 반대한다. 나아가 그는 도덕적 지위의 소유를 '도덕—법—윤리학'의 토대에서도, 공리주의적 이익 윤리학에서도 규정하지 않고 오히려 의무론적으로 즉 도덕적 행위자가 도덕적 책임을 갖거나 가질 수 있는 존재의 특징으로 규정한다.[10]

동물윤리학을 주장하는 사람들도 평등한 출발의 동기에도 불구하고 사실상 '도덕공동체'의 근본적인 다양성을 허용하지 않을 수 없다. 결과적으로 평등하게 배려되어야 할 존재가 속한 도덕공동체는 다시금 불평등한 두 집단으로 나뉜다. 큰 집단은 어떤 '도덕적 행위자moral agents'가 아니라 도덕적으로 배려해야 할 대상으로서 '도덕적 무능력자moral patients', 즉 동물과 많은 사람에 해당되는 구성원에 의해 형성된다. 다른 부분은 '도덕적 무능력자'로도 있을 수 있지만, 이를 넘어 '도덕적 행위자'가 될 수 있는 능력을 갖춘 인간으로 구성된다. 후자는 '좁은 의미에서의' 도덕공동체이고, 두 집단 모두 포함하는 것은 '넓은 의미에서의'

---

9  L8: 446.

10  L8: 439.

도덕공동체이다.[11]

　평등권의 요구와 관련된 복합적인 문제의 배후에는 흥미로운 도덕철학의 물음들이 놓여있다. 여기에서는 어떤 논증에 의해, 어떤 형태로 동물을 도덕공동체에서 배제했는지, 어떤 논증을 통해 욕구를 가진 동물을 도덕적으로 배려할 수 있는지, 그리고 그러한 동물을 포함하고 있는 도덕공동체는 어떤 모습이어야 하는지에 대한 분석이 요구된다. 이 물음들은 다음에서 규범적인 윤리유형의 기본입장에 따라 논의될 것이다. 그에 따라 모범적 사례 그리고 공동체의 도덕적 배려대상에서 동물을 배제할 것인가 아니면 포함할 것인가에 대한 규범적인 근거가 제시된다. 여기에는 배타적인 인간의 도덕과 관련하여 서구 윤리학의 전통을 처음부터 각인하고 있는 다음의 세 요소가 담겨있다. ① 호혜적 권리 개념, ② 이성의 배타적 능력, ③ 위계적 목적론적 우주론.

---

11　Ach 1999, 249.

# 문화적 산물로서 법

### : 계약을 맺을 수 없는 동물

인간의 법공동체에서 동물을 원칙적으로 배제한 것은 헤시오도스의 『노동과 일상』[1]에서 처음 나타난다. "그러므로 이것은 제우스가 인간에게 부여한 질서이다. / 물고기, 야생동물, 날개를 가진 새 / 이것들은 서로 잡아먹어야 한다. 왜냐하면 이것들에게는 법이 없기 때문이다. / 그러나 제우스는 가장 탁월한 자로서 자신을 월등하게 승녕할 수 있는 법을 인간에게 주었다."

농업에 따른 '문명적 특권'은 동물처럼 서로 잡아먹어야 할 필요성으로부터 인간을 해방시키고 법공동체에서 살 수 있는 '도덕적 특권'을 인간이 가질 수 있도록 하였다.[2]

소피스트에 의해 제기된 물음, 즉 정의가 신적 우주적 질서인 퓌지스

---

1  Werken und Tagen, 276—280. 재인용, Dierauer 1977, 15 이하.

2  Dierauer 1977, 16; Frenzel in Niewöhner/Seban 2001, 64 이하.

physis, 자연에서 온 것인가, 인간의 전통인 노모스nómos, 법에서 온 것인가, 아니면 자의적인 테시스thésis, 정립에 기인하는 것인가에 대해, 이후 계약론자 에피쿠로스[3]는 정립에 의한 것이라고 답했다. 일반적으로 이롭다고 인정되는 것, 즉 공동체에서 서로 해를 입히지 않겠다는 상호적인 합의가 정의롭다는 것이다. 왜냐하면 그 반대는 쾌의 감각을 아주 심각하게 침해할 수 있기 때문이다. 동물은 계약을 맺을 수 없으므로 법공동체로부터 배제된다. 에피쿠로스의 핵심원칙은 다음과 같다. "상호 간의 상해에 대한 보호계약을 맺을 수 없는 생명체에게는 법(정당한 것)도 불법(부당한 것)도 없다."[4]

근대 계약법이론가들도 배타적인 인간의 법공동체를 옹호했다. 토머스 홉스[5]는 가설적 계약법과는 무관하게 만인에 대한 만인의 투쟁으로 나타나는 자연상태에서, 다시 말해 실증적인 신성한 법이 공표되기 전부터 이미 인간에게 동물의 소유권이 있었다고 주장한다. 여기에는 동물을 길들이고 죽일 수 있는 권리가 포함되어 있다. "그러므로 자연법에 따라 동물이 인간을 죽일 수 있는 일이 일어난다면, 같은 법에 따라 인간이 동물을 도살할 수 있는 일도 일어난다."[6] 이러한 자연상태는 인간과 동물의 관계가 고양될 수 없음을 묘사하고 있다. 반면 인간 개인은 계약체결을

---

3  Epikur, 341~270 BC.

4  W8: X 150, XXXII.

5  Thomas Hobbes, 1588~1679.

6  W11: Vom Bürger, Kap. 8, Nr. 10.

통해 상호적인 전쟁상태를 끝내고 시민상태로 넘어갈 수 있다. 흥미로운 것은 홉스가 자연상태로의 회귀를 통해 사실상 인간과 동물 사이의 법과 무관한 폭력적 관계를 기술하고 있을 뿐만 아니라 자연법적으로도 그런 관계를 합법화하고 있다는 점이다.

데이비드 흄[7]은 홉스의 견해와 기본적으로 연결되어 있다. 흄 역시 정의로운 공동체가 계약을 통해 정립된다고 보기 때문이다. 협동을 통해서만 충족될 수 있는 욕망은 인간 개인을 계약으로 이끈다. 그러나 홉스의 자연상태와는 반대로 흄의 자연상태는 감각능력을 가진 모든 존재로 하여금 대립하지 않고 자연스럽게 종의 경계를 넘어서게 하는 '공감sympathy'[8]을 통해 완화된다. '야만적인 인디언보다 더 문명화된 유럽인의 월등함'이 보여주는 것처럼 이성적일 수 있지만, 전혀 힘이 없는 존재에 대한 권력관계가 성립하는 한 그 사회를 '일정한 평등을 전제로 한 사회'라고 부를 수는 없다는 것이다. "오히려 그런 사회는 한편에서는 절대적 권력을 통해, 다른 한편에서는 노예적 굴종을 통해 특징지어진다. …… 우리의 동정과 우리의 친애Freundschaft가 우리의 무법적 의지를 제한하는 유일한 통제장치이다. …… 분명 인간이 동물에 대해 취하는 관계도 바로 이러한 관계이다. 동물이 얼마나 이성을 가졌는지는 다른 자[인간]가 결정해야 한다."[9] 비록 흄은 회의주의자이며 경험론자로서 이

---

7  David Hume, 1711~1776.

8  W12: Traktat III, Teil II, Abs. 1, 224 u. Traktat II, Teil II, Abs. 12, 참조.

9  W13: Abs. 3, Teil 1, 25f.

성의 소유 및 이와 관련된 인간과 동물의 차이를 수준에 따라 규정하고 있지만, 그도 동물을 정의로운 공동체로부터 배제한다. 흄에게서 정의는 개별적인 인간의 결핍이 만들어내는 의지, 즉 권력포기의 의지에 근거한다. 왜냐하면 욕구의 결핍은 협동을 통해서만 충족될 수 있기 때문이다. 역설적으로 동물은 법 밖에 존재한다. 왜냐하면 자연은 동물에게 육체적 힘과 욕망 사이에 안정된 균형을 선물했기 때문이다. 따라서 인간과는 달리 약한 동물은 욕심이 적으며, 강한 동물은 자신의 강한 욕망을 개별적으로 만족시킬 수 있다.[10] 결과적으로 흄은 동물을 완전한 본능을 가진 것으로 보는 스토아학파의 전형을 따르고 있는 셈이다.

흄과 비슷하게 현대 계약이론가인 존 롤스[11]도 동물에 대해 인간적 동정과 의무가 있다는 것을 인정한다. 그렇지만 그는 동물을 자신의 『정의론』에 포함시키지는 못했다.[12] 에른스트 투겐타트[13]도 호혜성에 제한된 자신의 계약론으로 인해 동물에게 "잔인하게 대하는 것이 도덕적으로 허용되는가 하는 물음"을 제기했지만 "이 물음이 암시하는 것"에 주의하지 않을 경우에 상호적으로 구속력을 갖는 대답을 찾을 수 없다는 어려움에 봉착했다.[14] 위에서 언급한 것처럼 인간중심적 사회계약론에서 제

---

10  W12: Traktat III, Teil I, Abs. 2, 228 이하.

11  John Rawls, 1921~2002.

12  Theorie der Gerechtigkeit, 1979, 556; Sorabji 1993, 165, 참조.

13  Ernst Tugendhat, 1930~현재.

14  Q5: 105.

시되는 입장은 이성의 능력이 정의로운 공동체―이것은 권력의 통제를 위한 문화적 산물로서 이해된다―에 속하기 위한 충분조건은 아니지만, 필요조건이 되고 있음을 분명하게 보여준다. 자신의 권력을 제한하는 것이 누구에게 유용한 것일 수 있는가라는 물음은 이성적 능력을 가진 자에게 해당되는 것이다. 결국 평등성은 이러한 권력의 물음에 의존해 있다. 그렇다면 자기이익을 추구하는 자들로 구성된 정의로운 공동체에서 지속적으로 어떤 유리함도 가지지 못한 자가 있다면 어떻게 하겠는가? 결국 이러한 자를 위해서는 계약을 원하는 자들의 자발적인 합의를 통해 계약내용에 그에 대한 배려가 담기기를 희망하는 이외의 방법은 없다. 그러나 동물착취는 인간에게 유리한 것이기 때문에 왜 동물보호가 순전히 자기이익을 추구하는 계약당사자들 간의 계약내용이 되어야 하는지를 통찰하기는 어렵다.

자연적으로 더 강한 자에게 유리할 수밖에 없는 이익의 이기석인 획득을 적어도 인간의 관점에서는 평등규칙을 통해 상쇄시킬 수 있다고 보고, 이를 위해 롤스는 '무지의 가면'을 도입했다. 여기에는 계약합의에 참여한 자들이 나중에 어떤 입장에 처하게 될지 모른다는 생각이 그 배후에 놓여있다. 동물윤리적 근거에서 추론해 본다면 종의 소속이 불분명한 상황을 고려하기 위해서는 더 두터운 가면이 요구됨을 알 수 있다.[15] 그러나 이러한 요구로 인해 계약법적 기본틀은 이미 실행 가능한 동정윤

---

15   Regan 2004, 173; B. A. Singer 1988; 이에 대한 비판, Thero 1995; v. d. Pfordten 1996, 190f.

리학[16] 아니면 자연법의 방향으로 넘어가게 된다. 왜냐하면 경쟁하지 않는 계약당사자들의 주요이익 또는 권리요구를 위한 배려의 필요조건은 비이성적 속성도 앞서 정립된 기본권으로 인정하는 것에 달려 있기 때문이다. 따라서 결론은 다음과 같다. 동물은 순수한 계약윤리의 정의 개념에서는 어떤 도덕적 배려도 받지 못한다.

---

16  Pritchard/Robinson 1981.

# 고대의 자연법
## : 이성적 존재를 위한 배타적 도덕

 

자연법적 입장에서 법적 관계는 '자연적인 것'으로서 주어진다. 법질서는 인간의 정립에 기인하지 않는다. 법질서는 앞서 정립된 것[1]으로서 인간의 자의에서 벗어나 있다. 그러나 이처럼 앞서 정립된 자연질서를 따르려면 먼저 자연질서가 인정되어야 한다. 그런 점에서 자연법적 논증은 신 또는 자연에 의해 주어지는 이성적 능력에 대한 인식석 선제도 회귀한다. 이와 동시에 이성적 능력은 일찍이 '무이성적 생명체'로 여겨졌던 동물과의 경계기준으로 작용한다.

이성적 자연질서를 인식할 수 없고, 그것과 관계를 맺을 수도 없는 것이 명백한 동물의 무능력으로부터 상반된 두 견해가 추론될 수 있었다. 먼저, 사람들은 이성과 유사한 동물의 행동을 신기해하며, 그 행동을 조

---

1   독일어 'vorpositiv'에 들어있는 라틴어 'ponere'는 '정립(setzen)', 즉 '놓는다'는 뜻이다.

물주가 섭리로 무이성적 피조물에 심어놓은 자연적 욕망에 의해 조정되는 것으로 보았다. 동물의 전형적인 행동에 대한 이러한 해석은 결과적으로 그것이 본능이라는 점에서 동물에게서 자유의 놀이공간과 도덕적 능력을 박탈하는 스토아학파의 본능이론과 접목되었다. 다음으로, 사람들은 비이성적이고 수치스러운 충동과 쾌락에 의해 조정되는 동물의 행동을 조롱거리로 여겼다. 이때 동물은 도덕적으로 부정적인 인간의 단면을 보여주는 역할을 한다. 주지주의는 충동이 이성의 지배 아래 있다고 보는 소크라테스의 윤리적 전통을 형성했다. 이미 소크라테스 이전의 철학자들은 동물과 구별되는 인간의 특수성을 이성에서 보았다. 이 특수성은 무엇보다도 이성적 인식, 문화발전, 분절된 언어로 드러나는 것으로 여겨진다.

아리스토텔레스는 말 그대로 동물의 무이성성으로부터 동물은 인간의 삶이 추구하는 덕 윤리의 목적으로서 행복, 즉 '유다이모니아eudaimonía'에 도달할 수 없다는 결론을 내렸다. 특히 철학적 사색의 자족적 활동은 적어도 인간을 때로는 신들의 행복한 현존형식에 가깝게 인도한다. 그러나 이 형식은 무이성적 생명체에게는 철저하게 거부된다.[2] "그러므로 우리는 이제 소, 말, 그 밖의 동물이 '행복하다'고 표현할 수 없다."[3] 아리스토텔레스는 여기에서 그의 스승 플라톤[4]이 제시한 핵심사상을 계승하고

---

2  W2: EN 1178b 24—32.

3  W2: EN 1099b 35ff.

4  Platon, BC 427경 ~ BC 347경 .

있다. 플라톤에게 동물은 영혼의 윤회에서 과오를 저지를 수 있는 인간의 가능성과 연결되는 철학적 윤리적 관점에서만 고찰된다. 플라톤에 따르면 감각과 쾌락을 따라 비철학적 삶을 영위한 사람은 그 성격에 상응하는 동물로 변신한다. 그리고 많은 동물이 분노하는 영혼의 부분을 인간과 공유하고 있을지라도 그러한 동물을 진정 용감하다고 말할 수는 없다. 왜냐하면 동물에게는 용감함의 덕으로 이끄는 이성이 결핍되어 있기 때문이다.[5] 따라서 동물은 덕과 행복의 무능력으로 인해 주지주의적이며 행복주의적인 형태를 가진 고대의 모든 주요 윤리학에서 배제된다.

행복을 위한 동물의 능력은 상대적으로 중시되지 않은 반행복주의적 쾌락주의학파에 속하는 키레네의 아리스티포스Aristipp von Kyrene와 문화비판적 입장을 가진 키니코스학파에 의해 고찰되었다. 이들은 논쟁적 의도에서 동물의 무욕망을 윤리적 이상으로 고양시켰다. 그러나 시노페의 디오게네스Diogenes von Sinope가 살아있는 오징어를 부위별로 차례차례 다 먹어치웠다는 사실은 동물적 행복을 문화비판적 관점에서 보여준다. 그러나 그것은 동물보호의 동기와 연결된 것은 결코 아니었다.

이론적 통찰의 능력이 실천적인 법적 능력뿐만 아니라 친애를 위한 가능성의 조건이라고 한다면, 동물을 윤리학에서 다룬다는 것은 불가능하다. 그러한 연관성을 아리스토텔레스는 왜 인간과 동물 사이에 친애가 존재할 수 없는가라는 물음에 관한 논의에서 보여주고 있다. "……지배

---

5   Dierauer 1977, 45, 참조.

자와 피지배자 사이에 어떤 공통점도 없는 참주정치에는 친애도 없다. 여기에는 분명 법도 없다. …… 무생명체에 대한 우정이나 법적 관계란 있을 수 없다. 말이나 소에 대한 친애도 없다. 그리고 노예인 한에서 노예에 대해서도 그렇다. …… 그러므로 노예인 한에서 노예와는 친애가 있을 수 없다. 그러나 그가 인간인 한에서는 그럴 수 없다. 왜냐하면 잘 알려진 것처럼 모든 인간에게는 법과 계약적인 합의에 참여할 수 있는 모든 자와 맺는 일종의 법적 관계가 있기 때문이다. 그러므로 친애도 그 자가 인간인 한에서 생각할 수 있다."[6]

토마스 아퀴나스[7]는 1500년 이후 그의 『신학대전』[8]에서 이러한 아리스토텔레스의 논증으로부터 다음과 같은 결론을 이끌어냈다. 사람들은 동물에게 어떤 호의도 베풀 수 없다. 왜냐하면 동물은 행복의 능력이 없으며[9] 창조자조차도 동물에게 어떤 친애도 베풀지 않았기[10] 때문이다.

소크라테스 이전의 철학자 아폴로니아의 디오게네스[11]는 인간의 특권을 우주론적 신학의 목적론 안에 유입하려는 시도를 했다. 이 시도는 향후에도 강한 영향을 주었다. 그의 사상은 크세노폰[12]이 기록한 『소크라

---

6  W2: EN 1161a—b8233f.

7  Thomas von Aquin, 약 1225~1274.

8  Summa Theologica.

9  W21: STh II—II 25,3.

10  W21: STh I 21, 2 ad3.

11  Diogenes von Apollonia, 약 450년 BC.

12  Xenophon, 430~354 BC.

테스 회상』[13]의 두 장[14]에 잘 나타나 있다. 인간의 물리적 특수성과 심리적 특수성 사이의 조화로운 일치에 대해 그는 수사학적으로 다음과 같이 묻는다. "인간이 다른 생명체와 비교해서 육체와 영혼에서 본래부터 모든 것을 능가하는 신들처럼 살고 있다는 것이 너에게는 너무도 분명하지 않은가? 왜냐하면 황소의 육체와 인간의 지성을 가진 생명체도 그가 원하는 것을 못할 수 있고, 손을 가지고 있지만 어리석은 생명체도 자신의 이점을 제대로 사용하지 못할 수도 있기 때문이다. 그러나 바로 너, 육체와 영혼의 관점에서 가장 가치 있는 능력을 갖추고 있는 너는 여전히 신들이 너를 배려하고 있다는 사실에 대해 의심하고 있지 않은가?"[15]

최고의 육체적 능력과 가장 우수한 영혼의 능력으로 이루어진 탁월한 조화는 인간을 우주의 정점이자 '물리신학적' 신존재 증명의 장소로 만든다. 이로써 아리스토텔레스의 『정치학』[16]에서 보편화된 일상적 확신으로 기술되었을 뿐만 아니라, 크리시포스[17]로부터 포세이도니오스[18]를 거쳐 키케로[19]에 이르기까지 확고하게 수용되고 있는 극단적인 인간중심주의의 기반이 비로소 마련되었다. 오로지 인간을 위해 동물이 만들어

---

13 Sokrateserinnerungen.

14 Xenophon, Mem. I 4 u. IV 3.

15 Xenophon, Mem. I 4. 재인용, Dierauer 1977, 51.

16 Politik.

17 Chrysipp, 약 280~207 BC.

18 Poseidonios, 135~50 BC.

19 Cicero, 106~43 BC.

졌다는 주장을 상세하게 논의하면서 키케로는 돼지에 대해 다음과 같이 기술한다. "크리시포스조차도 돼지가 영혼을 가지고 있는 유일한 이유는 썩지 않기 위해서라고 말한다. 자연이 만든 쓸모 있는 동물 중에 돼지야말로 인간의 영양에 가장 적합한 동물일 것이다. 수많은 물고기와 새의 맛에 대해 무엇을 내가 더 말해야 하겠는가?"[20] 섭리로 창조된 자연만물은 오로지 인간의 쓸모와 만족을 위해 만들어졌다. 여기에서는 이중적으로 영혼의 단계적 질서를 제시한 아리스토텔레스의 목적론이 수직적 관점에서 해석되고 있다.

결국 그러한 해석에서 인간이 아닌 생명체의 완성된 현실태가 가지는 고유한 가치는 규정된다. 동물의 무이성성은 스토아학자들에게 동물이 인간에 의해 사용될 수 있다는 신적이고 자연적인 규정을 위한 징표이다. 이런 점에서 스토아주의는 위계적 자연목적론을 최고점에 올려놓았다. 스토아학파의 자연적 도덕공동체는 인간과 신을 위한 배타적 이성공동체이다. 이러한 내용은 스토아학자들에 관한 키케로의 보고에서도 함축적으로 설명되고 있다. "그들[스토아학자들]이 인간들 사이에 법적 질서가 있다는 사실을 확인한 것처럼, 그들이 말한 것과 똑같이 인간과 동물 사이에는 어떤 법적 관계도 없다. 크리시포스는 아주 분명하게 다른 모든 것은 인간과 신들 때문에 생겨났으며, 이들 자신은 자신의 공동체와 결속을 위해 존재한다고 말한다. 이로부터 인간은 자신의 필요를 위해 동물을 사용할 수 있으며, 이것은 부당한 일을 저지르는 것이 아니라는 결론이 나온다."[21]

20  W4: II 159f; II 140.
21  재인용, Q6: 20 이하.

# 정의를 위한 동물의 이성
## : 테오프라스토스, 플루타르크, 포르피리오스

　　스토아학자들의 인간중심주의를 비판한 고대 철학자들은―이들이 스
토아학자를 그렇게 부르고 있듯이―'독단론자들'에게 동물의 이성을 일
관성 있게 증명하려고 시도하였다. 알렉산드리아의 필론[1], 카이로네이
아의 플루타르크[2], 섹스투스 엠피리쿠스[3], 켈수스[4], 포르피리오스[5] 등의
철학자들이 동물과 연관하여 벌인 반스토아적 논쟁을 다룬 저서가 전해
지고 있다. 몇몇 저서는 '동물윤리적' 동기를 부여하고 있다. 그러나 대
부분은 '스토아철학의 기초', 즉 스토아적 섭리론Vorsehungslehre과 연결된
인간중심주의를 흔들려는 목적에 더 관심을 가진 것이었다.[6]

---

1　Philon von Alexandrien, BC 25경 ~ AD 50경.

2　Plutarch von Cahironeia, 47경~120경.

3　3 Sextus Empiricus, 2세기 말경.

4　Celsus, 180년경.

5　Porphyrios, 232~304경.

6　Dierauer 1977, 257.

동물윤리를 주장하는 기초적인 자료는 아리스토텔레스의 제자 에레소스의 테오프라스토스[7]의『경건에 관하여』[8]와 저술가 플루타르크의 두 단편『육식에 관하여』[9], 신플라톤주의자 포르피리오스의 채식주의에 관한 저서『금욕에 관하여』[10] — 이 책을 통해 19세기에 테오프라스토스의 저서『경건에 관하여』뿐만 아니라 동물심리학적 단편들을 재구성할 수 있었다 — 에서 발견된다. 세 명의 저자 모두 비록 근거는 서로 다르지만 동물제사 풍습에 대한 비판을 다루고 있다.

고대에서 영혼윤회설을 다르게 보는 자연철학적 입장은 동물과 인간의 가까움을 주장하는 것처럼 보이는 논쟁에서 시작한다. 이 논쟁은 오르페우스교도, 엠페도클레스, 피타고라스학파에 의해서 지지되었다. 여기에 엠페도클레스는 식물도 포함시켰다. 플라톤이 영혼윤회설을 윤리적이고 교육적으로 적용함으로써 영혼의 인식적 지위는 약화되고, 인간으로부터 동물은 멀어졌다.[11] 결국 이러한 영혼윤회설에 대해 플루타르크는 육식으로 인해 야만적 풍습과 친족살해의 위험에 빠질 수 있다는 것을 한층 더 설득력 있게 강조했다.[12] 테오프라스토스는 이미 자신의 스승 아리스토텔레스가 분명하게 비판하고 있는 영혼윤회설을 받아들이

---

7  Theophrast von Eresos, BC 370 ~ BC285경.

8  De eusebeia.

9  De esu carnium.

10  De abstinentia.

11  Zander 1999, 74~81.

12  Q1: 146ff.

지 않았다. 오히려 그는 자신의 동물심리학적 저서에서 동물과 인간의 자연사적 친족성에 관한 주장을 '심리생리학적' 기초에서 발전시켰다.[13] 그가 친족공동체로부터 이미 정의의 권리요구 또한 도출했는지, 아니면 경건에 관한 자신의 저서에서 다룬 동물제사 비판과 자신의 동물심리학을 연결했는지는 불확실하다. 여하튼 신플라톤주의자 포르피리오스는 테오프라스토스의 두 논쟁에 흥미를 가졌으며, 나아가 정의를 새롭게 규정하기에 이르렀다. 그에게서 정의란 "해를 입히지 않는 자에 대해 해를 입히는 모든 행위를 억제하는 것"[14]이다. 이러한 정의의 근본형식은 포르피리오스에 따르면 이미 인간의 범위를 넘어서 적용되어야 한다. 그렇지 않을 경우 그 형식은 '인간 사이의 친애'일 뿐 정의라고 할 수 없기 때문이다. 이때 형식은 결코 감각능력과 부분적으로 이성능력을 갖춘 동물만을 포함해서는 안 된다. 왜냐하면 식물도 열매 이외에 다른 부분들을 사람들이 사용한다면 해를 입을 수 있기 때문이다.

포르피리오스는 테오프라스토스보다 훨씬 더 발전된 정의 개념을 종교적 자기완성의 과정과 연결시켰다.[15] 순수하고 이성적이며 비물질적인 완전한 신에게 보다 가까이 다가가려는 윤리적이며 종교적인 최종목적은 세속적이고 육체적인 삶에서 추구되어야 하기 때문에 영양공급의 방식도 포함되어 있다. 따라서 포르피리오스는 적합하고 순수한 영양공

---

13   Q1: 160.

14   Q1: 162.

15   Pérez-Paoli in Niewöhner/Seban 2001, 93~110.

급에 관한 세 권의 저서에서 영양공급의 형태는 철학적 삶을 위해 중요하지 않다고 여기는 키니코스학파와 스토아학파의 자유분방한 주장에 반대한다. 그는 이러한 주장이 시노페의 디오게네스로 하여금 살아있는 오징어를 삼키는 야만적 풍습을 선전하도록 만들었다고 여긴다.[16] 포르피리오스에게 중요한 것은 육체와 영혼의 정화이기 때문에 육식에 대한 물질적 포기가 정의와 공감과 연관된 영혼의 태도를 위해 요구되는 것은 당연한 것으로 보인다. 그러나 포르피리오스에게 동물과 식물에 대해 인간이 취해야 할 '정당한' 관계를 위한 근거는 고대의 덕윤리학에서 강조되었던 자기완성을 추구하는 방향에 머물러 있다. 동물윤리학은 그로부터 근대를 지나면서 등장하게 된다. 그러나 추측컨대 테오프라스토스와 포르피리오스에서 이미 동물권과 유사한 것이 기획되었다는 사실은 주목할 만한 것이다. 이것은 두 고대철학자가 동물에 대한 정당한 대우를 위한 중요한 근거로 동물의 특성을 다시 고찰하려 했다는 점에서 잘 드러난다.[17]

윤리적 자기수양Selbstkultivierung의 다른 형태는 일찍이 플루타르크[18]에서 발견되는 소위 타락논증Verrohungsargument이라고 할 수 있다. 동물을 괴롭히거나 죽이는 자는 언젠가 사람도 괴롭히거나 죽일 수 있다는 것이다. 따라서 동물보호의 지속적인 훈련은 사회적 성격형성을 위한 예비훈

---

16  Q1: 152; Sorabji 1993, 160, 참조.
17  Sorabji 1993, 156f.
18  Q1: 143 u. 147.

련이며, 마찬가지로 그 자체로 볼 때 덕윤리학의 기획에 속한다. 사회교육학적이며 박애주의적인 주장으로서 타락논증은 19세기의 동물보호운동과 동물보호법 제정의 시작에 이르기까지 중요한 역할을 했다.

되돌아보면 윤리학에서 동물을 배제하기 위한 단초는 평등한 공동체에 대한 이상을 향해 있던 고대 그리스에서 일찍이 마련되어 있었다. 무엇보다도 동물의 결핍된 이성과 인간중심적 사용의 이데올로기에 관한 논증과 연관된 스토아학파의 입장은 최근까지도 독약처럼 나쁜 영향을 미치고 있다. 주지주의적 평등주의, 인간중심주의, 자기완성의 추구는 도덕공동체를 구상하게 만든다. 이 공동체에서 동등한 자립적 구성원은 평등하게 서로 존중하며, 배려하는 면에서도 불평등하게 상호관계를 맺지 않는다. 그런 점에서 방금 언급한 도덕공동체의 구상에는—근대적 관점에서 볼 때—도덕적 능력을 가진 주체와 사실상 도덕적 능력은 없지만 욕구를 가지고 있고 바로 그 때문에 도덕적으로 존중되어야 할 객체 사이의 구별이 없다. 그러나 후기 그리스의 이해에 따르면 욕구 그 자체는 아직 도덕적 권리를 요구할 수 있는 근거가 아니다.

# 성경적 자비와
# 철학적 동정에 대하여

　로마제국에서 스토아주의는 많은 사람에 의해 환영을 받았고, 일상적인 문화에도 강한 영향을 주었으며, 초기 기독교와도 상당히 많은 접촉을 했던 철학이었다. 이것은 바울의 서신[1]과 많은 교부들이 스토아주의자들에 대해 자주 언급하고 있다는 사실에서 확인할 수 있다. 특히 스토아학파의 인간중심적 우주론과 섭리론은 쉽게 성경적 창조론과 연결될 수 있었다. 스토아학파의 자연법사상에 담긴 과격한 배제의 논리도 기독교 신학자들에 의해 수용되었으며, 중세 기독교, 특히 서로마인들이 동물을 대하는 태도에도 영향을 주었다. 아우구스티누스의 말은 그러한 사실을 확인해준다. "우리는 동물이 고통으로 죽어갈 때 그것을 보고 그 소리를 듣는다. 물론 인간은 동물을 대수롭게 여기지 않는다. 왜냐하면 인간은 본래 정신적 영혼을 가지고 있지 않은 동물과는 법적 공동체에 의

---

1　고린도 전서 9장 9절 이하.

한 어떤 유대도 가지지 않기 때문이다."[2] 불사의 이성적 영혼을 소유한 자만이 평등한 법적이고 도덕적인 공동체에 속한다. 이러한 분위기가 중세 기독교 전체를 관통하며 사고와 행위를 규정했다. 중세 전성기에 토마스 아퀴나스는 아리스토텔레스에서 아우구스티누스에 이르는 모든 사용논증Nutzungsargument을 종합하고, 그러한 관점에서 성서를 해석함으로써 한층 더 인간중심적인 근본태도를 확고히 하였다.[3]

## 자비, 동정, 공감—확실한 구별

이웃사랑[4]은 근원적으로 인간에 제한되어 있지만, 성경적 사상에 담긴 세계는 인간과 동물의 관계를 이전과 다르게 볼 수 있는 이념도 포함하고 있다. 특히 모든 생명체에 펼칠 수 있는 자비Barmherzigkeit에 대한 성경적 사상은 그리스의 철학적 주지주의를 상대화시킨다. 자비[5]는 성경적 신이 자신의 행위를 주도하는 느낌으로서 인간에 의해 요청된다. 이 느낌은 기독교 전통에서 자비의 덕[6]으로 발전되었다.

---

2  Q1: 166; Sorabji 1993, 195, 참조.
3  가령 W21: STh II—II 64.1.
4  히브리어, ahab; 그리스어, agápe.
5  히브리어, racham.
6  라틴어, misericordia, compassio.

반대로 스토아학파의 창시자 키티온의 제논[7]은 동정심[8]을 '비이성적 소심함', 이성적 판단의 형성을 방해하는 '영혼의 약점'[9]으로 여겼다. 동정은 인간 개인의 감정이라는 점에서 대부분의 철학자들로부터 비판을 받았으며, 심지어 스토아학자들은 수동적 동정이 아니라 능동적 인간애[10]가 필요하다고 역설하였다. 이러한 구별을 칸트도 자신의 『도덕형이상학』[11]의 덕론과 『인간학』[12]에서 수용하고 있다. 그러나 키케로에 의해 개념화된 인간성Humanität은 인간에 제한된 틀 속에 머물러 있다. 오히려 능동적 동정의 형식들 사이에서 나타나는 문화적 차이는 한편으로 인간의 범위를 넘어선 성경적 자비가 동물에게까지 확장될 수 있다는 것을 보여주며, 다른 한편으로 무제한적으로 신의 모습까지도 규정하는 감정으로서 긍정적으로 평가된다.

　개인적인 감정과 동기의 다양성에서 생기는 공감sympátheia은 근본적으로 구별되어야 한다. 공감은 근대에 이르기까지 비인간적 힘으로서 만물과의 우주적 관계를 증명하는 것이었다. 페리파토스학파, 스토아학파, 신플라톤주의는 다양한 자연철학적 공감이론을 발전시켰다. 공감이론은 르네상스에서도 순수 이론적 개념으로서 탁월한 역할을 했다. 도덕

---

7　Zenon von Kition, 332~262 BC.

8　그리스어, éleos.

9　W8: VII 111 u. 123.

10　라틴어, humanitas.

11　Metaphysik der Sitten. W14: VI 456f.

12　Anthropologie. L4: V 1410ff

철학적으로 공감은 먼저 18세기의 도덕감moral-sense을 강조하는 철학에 영향을 끼쳤다.[13] 흄의 공감이론은 고대 자연철학에서 유래했다. 공감의 우주적 원리는 타자의 느낌을 공유하는 감정이입을 가능하게 하고, 개인에게 '감정passion', 그 중에서도 호의, 동정, 비이기적인 사교성의 충동을 불러일으킨다.[14] "게다가 '동정pity'은 아주 가까이에서 나타나는 객체의 모습에 의존하기 때문에"[15] 종족 간의 가까움을 위한 윤리학의 시작을 의미한다. 그러나 이 윤리학은 계약윤리의 우선성으로 인해 배타적 인간의 도덕을 여전히 극복할 수 없었다.

성경적 이념의 세계는 비인간적인 우주적 공감의 원리를 알지 못한다. 동정과 자비는 이전부터 인격적 신이 자신의 행위를 주도하는 느낌으로 파악된다. 인간에 의해 경험되는 신적인 자비는 인간 사이의 영역뿐만 아니라 가축과의 관계에도 반영되어야 한다. 그러나 인간은 동물의 노동력과 생산물(우유, 꿀, 털 등)을 사용할 뿐만 아니라 심지어 동물- 원죄로 인해 책임으로 떠맡은 창조, 즉 현실적인 세계경험이라는 조건에서-을 육식을 위해 죽일 수도 있다. 그러나 이상적인 창조의 관점에서 볼 때 천국에는 근원적인 채식주의가 지배한다.[16] 그러나 근원적인 채식주의는 대홍수 이후 노아에게 새로운 창조의 축복이 주어지면서 영양을

---

13  L4: X 751—762.
14  W12: Traktat II, Abs. 5, 96f.
15  W12: Traktat II, Abs. 5, 104.
16  Gen 1, 29f.

목적으로 관리되는 동물도살에 의해 중단되었다.[17] 이와 관련된 내용은 고대 이후 랍비들의 성경주석[18]에서, 그리고 이후 계속해서 자연법과 관련된 저작에서 육식의 합법성에 관한 관점과 함께 문제로 다루어졌다.[19] 잠언서의 한 구절은 초기 동물권 운동에 적합한 모토가 될 수 있을 것이다. 루터 번역판에서 그 구절은 다음과 같이 기록되어 있다. "의로운 사람zadiq은 자신의 가축을 불쌍히 여기지만 신이 없는 사람의 마음은 무자비하다."[20] 그러나 신이 자신의 모든 피조물, 즉 인간과 동물의 욕구를 알듯이 신을 바라보는 의로운 자도 특별히 그에게 맡겨진 가축의 욕구를 안다. 모든 피조물에 대한 사용을 승인하는 것과 그것의 욕구를 인정하는 것 사이에는 이처럼 긴장이 있다. 그러나 이러한 긴장은 인간중심적인 스토아학파의 근본태도에서는 찾아볼 수 없다.

인간중심적인 사용의 질서에도 불구하고 피조물의 욕구를 깊이 헤아리는 신의 모습은 미약한 이성을 가진 동물을 탓하지 않고 동물을 근본적으로 윤리적 반성에 포함시켜 생각해 보도록 한다. 이로부터 자립적이고 고정된 평등함이 아니라 같은 욕구를 가진 피조물로 구성된 '도덕공동체'가 형성될 수 있다. 그러나 피조물은 책임이 있는 존재와 책임이 없는 존재로 구별된다. 피조물로서 인간의 특별한 위치는 성경적 모델에서

---

17  Gen 9, 2 이하. 참조.
18  Baranzke, Lamberty-Zielinski 1995, 39.
19  Maehle 1992, 104f.
20  Spr 12, 10.

신인동형성Gottebenbildlichkeit[21]을 통해 그 근거가 제시된다. 이것은 인간에게 다른 피조물에 대해 특별한 사용이익을 부여하면서도[22] 인간에게 살해에 대한 보호의 책임[23]을 부여하는 것이다. 그러나 신인동형성을 통해 모든 피조물의 욕구에 주의하라는 의무를 강조하는 것은 아니다. 어쨌든 그것은 소위 '청지기 모델stewardship–model'로서 18세기 이후부터 위계적으로 구성된 책임공동체의 근거가 된다. 특별히 동물에 대한 자비의 무와 책임의무는 이성을 인간의 특징으로 여기는 믿음이 인식론적 감각주의를 통해 약화될 때 비로소 관철될 수 있다. 성경적 자비는 능동적인 이웃사랑을 강조하는 개신교적 윤리에 통합되면서 결과적으로 19세기에 일어난 동물보호운동의 본질적인 추동력이 된다.


## 고통의 혓이상학에 기초한 쇼펜하우어의 동정윤리학

18세기 이후 동물보호의 모토로 부각된 성경구절, "의로운 자는 자신의 가축을 불쌍히 여긴다"에 대해 아르투르 쇼펜하우어[24]는 두 번째 유고 증보판 『부록과 추가』[25]에서 흥분한 어조로 다음과 같이 말한다. "'불

---

21   Gen 1, 26f.
22   Gen 1, 28; 9, 2f.
23   Gen 1, 28; 9, 2f.
24   Gen 9, 4–7.
25   Parega und Paralipomena.

쌍히 여기라!' ─이게 무슨 말인가! 사람들은 죄인, 악인을 불쌍히 여기면서 죄 없는 충실한 동물은 불쌍히 여기지 않는다. …… 사람들이 동물에게 저지르고 있는 죄는 자비가 아니라 정의이다. 유대인의 악취foetor Judaicus로 점철된 이 세계의 한 부분, 즉 유럽에서 자행되고 있는 죄는 정의의 문제이다. 그러므로 '동물은 본질적으로 인간과 동일하다'는 명백하고 단순한 진리는 불쾌한 역설이다."[26]

철학자 헤르츠 밤베르크Herz Bamberg는 논문「쇼펜하우어의 철학에서 동물」[27]에서 쇼펜하우어가 성경구절을 뒤집어 놓은 것을 보고 경악하며, 성경적이고 유대교적인 자비의 전통과 현대 동물보호운동의 관계를 해명했다. 2차 세계대전과 홀로코스트의 경험 이후 철학자 미카엘 란트만Michael Landmann은 독일의 동물보호운동과 쇼펜하우어와의 관계에 대해 다음과 같이 쓰고 있다. "그러나 그의 동물철학에 의해 동물보호운동은 불가피하게 …… 그가 보여준 반유대주의적 선입견을 포함하게 되었다. 비록 쇼펜하우어가 동물보호를 위한 노력에 전적으로 동의했다는 것이 잘 알려진 만큼 유대인은 지속적으로 그러한 동물보호운동에 대해 모종의 불신을 가지고 있다."[28] 쇼펜하우어의 동정윤리학은 반유대주의적 감정을 내포한 독일의 동물보호운동에서 집중적으로 수용되었다.[29] 이

---

26  W19: VI 395.
27  "Das Tier in der Philosophie Schopenhauer's", 1897.
28  Landmann 1959, 130.
29  Brumme 2001.

는 사실상 독일어를 구사하는 유대인들을 지속적으로 소외시켜온 단초를 그들의 동물친화적인 전통과 연결시킨 것으로 볼 수 있다. 변화된 언어사용에 대한 역사학적이고 해석학적인 연구도 하지 않고 쇼펜하우어는 동정윤리학을 통해 아주 유사한 목적을 추구하면서도 성경적 윤리학의 중심개념인 자비를 모욕하는 결과를 초래하였다. 쇼펜하우어는 그동안 '자비'라는 개념의 의미를 강조할 때 생겨나는 거만함을 비판하고 이에 대해 "동정"이라는 낱말을 부각시켰다. 그가 제시하는 고통의 형이상학은 한편으로 불교의 반개인주의적 학설로부터 영감을 받은 것이다. 그러나 다른 한편으로 불교는 고대의 우주론적 공감 개념[30]과도 연결된다.

『도덕의 기초에 관한 현상논문』[31]에서 쇼펜하우어는 칸트의 선천적 당위윤리학과 거리를 두면서 도덕을 경험적으로 기술할 수 있는 근거를 찾았다. 쇼펜하우어에 따르면 인간의 행위에는 다음의 세 가지 운동근거가 있다. ① 자기의 행복, ② 타자의 고통, ③ 타자의 행복. 이것을 다른 말로 표현하면 다음과 같다. ① 모든 생명체에게 충동을 불러일으키는 동시에 도덕적으로는 중립적인 '동물적' 이기주의, ② 타자의 불행을 기뻐하는 사악함, ③ 우리가 **존경해야 할 도덕적 가치**로서 인정되는 행위들을 위한 '독특한 동기'로서 동정.[32] 쇼펜하우어는 진정한 도덕적 행위

---

30  L4: X 754.

31  Preisschrift über die Grundlage der Moral, 1841.

32  W19: IV 195.

를 동정에 의해 동기가 부여된 것으로 규정한다. 이때 그 행위는 "전적으로 **타자 때문에**" 생겨나 결국 "**타자의 행복과 고통이 직접적으로 나의 동기**"[33]로 바뀌면서 일어난다. 그런 점에서 그 행위는 도덕적 행위를 벗어난 이기적 행위와 모순적인 배제의 관계에 놓인다. 왜냐하면 나의 행복과 고통은 타자의 행복과 고통이 아니기 때문이다. 그에 반해 타자의 고통을 기뻐하는 사악한 비도덕적 행위는 타자의 고통을 동일하게 자신의 것으로 여기는 동정의 행위와 도덕적으로 상반되는 것이다. 그러나 우리가 타자 대신에 그의 고통을 자신의 고통으로 여길 수 있지만 결국에는 여전히 위선적인 이기주의자로 남을 수 있다. 이럴 경우에 타자의 고통을 동일하게 자신의 것으로 여기는 데까지는 도달할 수 없다. 오히려 동정은 "타자의 고통을 통해"[34] 직접적으로 동기가 부여되어야 한다. 이처럼 쇼펜하우어는 "동정의 일상적 현상"[35]에서 모든 도덕철학의 경험적 근거가 되는 동정을 경험적으로 증명하려고 한다.

이때 주목해야 할 것은 쇼펜하우어가 동정의 '윤리적 근본현상'에서 두 개의 핵심적 덕으로 인간애뿐만 아니라 정의도 이끌어내고 있다는 사실이다. 모든 다른 덕은 바로 이 두 개의 덕에서 나온다.[36] 그는 정의를 고통의 원인에 대한 불이행으로 규정한다. 인간애는 고통을 약화시키는

---

33  W19: IV 208.
34  W19: IV 211.
35  W19: IV 208.
36  W19: IV 213.

행위로서 적극적인 원조활동에서 드러난다. 고통의 회피로서 정의는 순전히 부정적으로 규정되고 인간애는 고통의 감소를 덕의 최고목표로 여기는 것이다. 이 두 개의 덕은 쇼펜하우어의 윤리학이 처음부터 완전한 행복을 이상으로 여기지 않는 고통의 형이상학을 배후에 두고 있음을 보여준다. 자칭 행복한 사람은 그를 질투하는 사람이 있다는 것을 자신만 모르고 있는 것이다. 공리주의처럼 행복이 증가된다는 것은 고려되지 않는다. 동정으로서 도덕은 개체성의 가상을 극복하는 것이며, 모든 시간적 공간적 다수성과 개별자의 다양성을 넘어 모든 생명체가 고통 속에 있다는 공통성의 신비적 근원에 상응하는 것이다.

쇼펜하우어의 동정윤리학은 삶의 긍정을 결여하고 있다. 그 때문에 알버트 슈바이처Albert Schweitzer는 그의 윤리학을 '초윤리적' 체념의 시도로 특징짓는다. 왜냐하면 "세계의 부정과 삶의 부정"에서 "윤리학은 현실적으로 만들어질" 수 없기 때문이다.[37] 쇼펜하우어의 동정윤리학은 결과적으로 현명한 금욕을 통해 삶의 의지를 부정하는 것을 이상으로 삼는다. 그러나 이러한 고차적인 활동은 모든 인간에게는 물론 동물의 관점에서도 요구할 수 없는 것이다. 고통 받는 존재로서 동물은 쇼펜하우어의 동정윤리학에 이미 속하기 때문에 특별한 입장권을 가질 필요가 없다. 그럼에도 불구하고 동물은 고통을 최대한 방지하겠다는 권리요구를 하지 않는다. 그런 한에서 쇼펜하우어의 윤리학은 전통적인 타락논증과 일치

---

37　W20: II 297—301.

한다. 쇼펜하우어에게 동물에 대한 동정은 "사람들이 확신을 가지고 동물에게 잔혹한 인간은 좋은 인간일 수 없다고 주장하는 것과 마찬가지로 좋은 성격과 연결되어" 있다. "또한 이러한 동정은 인간에 대해 행하는 덕과 동일한 원천에서 발원하는 것임을 보여준다."[38] "그러나 우리는 [이러한 동정을] 브라만처럼 육식을 억제해야 할 정도로 광범위하게 적용할 필요는 없다. 그 이유는 자연에서 고통의 능력은 예지적 능력에 비례하기 때문이다. 그런 점에서 인간, 특히 북쪽 지역의 인간은 육식으로 영양을 섭취하지 않을 경우 동물이 ─사람들이 클로로포름(마취제)을 가지고 고통을 덜어줄 수 있듯이─ 빠르고 예상하지 못하는 죽음으로 겪는 고통보다 훨씬 더 고통스러울 수 있다."[39] 삶의 의지에 매여 있다는 것은 살해 금지와 연관해서 본다면 인간과 동물 사이에 차이가 없는 것은 아니다. 쇼펜하우어는 여기에서 동물이 경험하는 가상의 경험적 세계에서 발원하는 것에 대해 동물과 인간이 가질 수 있는 경험의 차이를 인정한다.

쇼펜하우어를 계승한 동정윤리학자 우르술라 볼프Ursula Wolf는 앞서 말한 쇼펜하우어의 태도가 일관되지 못한 것으로 여겼다. "[쇼펜하우어가 보여주는] 동정의 태도는 그러한 태도와 연관된 존재의 죽음과 감정적으로 일치하지 않는다."[40] 앞서 보았던 흄처럼 볼프도 '자연적 감정'으로서 동정은 분명히 '범위가 제한된 것'으로 여긴다. 그 때문에 볼프는 도

---

38  W19: IV 242.
39  W19: IV 245.
40  Q5: 74.

덕적 권리를 일반적으로 요구할 수 있는 '보편적 동정 개념'을 발전시켰다. "그렇게 될 때 모든 존재가 마치 모두에게 동정을 느끼는 것처럼 그렇게 모두를 대우할 수 있을 것이다."[41] 이로 인해 볼프는 어느 누구에게도 특정한 감정을 가지도록 지시할 수 없다는 주장과 연관된 문제에 봉착할 수 있다. 볼프 역시 형이상학적으로 정초된 쇼펜하우어의 고통이론을 피하고자 했기 때문에 고통을 적게 해주는 동물도살의 합법성이 문제될 때 고통의 능력, 죽음의 의식 또는 삶의 의지에 대한 확인을 위한 경험적 기준―이 기준을 통해 소위 물고기와 같은 하등동물은 인간의 육식을 위해 희생될 수 있다―을 제시해야 했다.[42] 이것은 보편적 동정이 상정하고 있는 '마치 ~처럼'의 개념을 신경학적 정보와 관찰할 수 있는 표현행동을 통해 동정의 감정을 확인할 수 있는 생명체의 범위에 한정하는 것이다. 우르술라 볼프는 동정윤리학의 철저한 변형을 대표하는 학자로서 '시 실상 모든 동물의 도살'을 '비도덕적인 것'으로 증명하고 싶어 했다. 그러나 그 역시 자신의 이론이 그것을 위한 '강력한 논증'이 될 수 없다는 것을 의식하고 있었다.[43]

---

41  Q5: 57; U. Wolf 1990, 97, 참조.

42  U. Wolf 1990, 119f.

43  U. Wolf 1990, 120.

# 근대 자연법과 이성법
## : '간접적 의무'란 무엇인가?

　정확히 고찰해 본다면 아리스토텔레스와 스토아학자가 제시하는 존재의 단계질서에서 정점에 있는 것은 인간이 아니라 정신noûs 또는 이성 lógos이었다. 그러나 일상적인 지성은 존재의 단계질서에서 신적 이성과 감각만 할 수 있는 동물 사이에 있는 인간을 즉각 순수한 이성적 존재의 자리로 옮겨놓았으며, 철학 학파들이 주장하는 정신중심주의 및 이성중심주의를 인간중심주의적 이데올로기로 전환시켰다.

　중세의 기독교 신학은 신중심적이다. 그것은 신과 인간의 근본적 차이를 강조한다. 이에 근거하여 자신이 생명을 부여한 모든 피조물에 대해 분명한 소유권을 가진 창조신은 중세 기독교적 창조질서의 정점에 현존하며, 이후에는 의식 속에 있는 책임의 법정으로 여겨졌다. 그러나 이러한 신중심적 틀 속에는—전형적으로 아우구스티누스와 토마스에서 증명되듯이—대체로 그리스와 헬레니즘의 일상적 인간중심주의가 자리를 잡고 있었다.

이러한 근본구조에서 책임윤리의 변화가 일어나기 위해서는 더 많은 요소들, 특히 이성능력을 점차로 감각주의적으로 변형시키는 요소들이 필요했다. 이 요소들에는 한편에서는 감성의 평가절상이, 다른 한편에서는 종교개혁 시기에 나타난 비관적 인간학이 겹쳐 있다. 인간이 원죄로 인해 근원적으로 고통이 없는 창조질서 속에 있었던 모든 피조물에게 고통을 야기했다는 사상은 결정적으로 중요한 것이었다. 죄인인 인간homo peccator과 창조의 타락natura laps은 과거를 회상했을 때 드러나는 책임에 대한 사상만이 아니라 미래적 전망에서 획득해야 할 부분적 회복의 사상도 암시한다. "모든 피조물의 탄식"[1]을 야기한 죄인으로서 인간은 책임을 가진 청지기의 형식stewardship으로 자신의 신인동형성을 증명해야 했다. 경건주의, 청교도, 퀘이커교에 의한 개신교의 개혁운동이 강화되면서 루터교의 활동은 19세기에 개신교 산업국가에서 광범위하게 퍼진 동물보호운동과 동물보호법제정과 연결되었다.[2]

인간과 동물이 고통과 욕구를 똑같이 가지고 있기 때문에 기독교의 이웃사랑을 무이성적 피조물에까지 확장하고, 최종적으로는 굶주린 인간을 위해 무료급식소가 있는 것처럼 욕구를 가진 동물을 위한 동물보호단체를 설립하는 것도 중요하게 여겨졌다. '독일 동물보호운동의 정신적 아버지'인 크리스천 아담 단Christian Adam Dann의 어린 시절 친구였던 경건주의파의 목사 알버트 크나프Abert Knapp는 1837년 12월 17일에 슈투

---

1   Röm 8, 18ff.

2   Gharpure 1935; Thomas 1983, 150—165.

트가르트에 최초로 동물보호 단체를 설립했다. 단의 영향은 계속 이어져 알버트 슈바이처에게까지 미쳤다.


## 임마누엘 칸트: '동물을 배려하는' 의무

사무엘 폰 푸펜도르프[3]와 크리스찬 토마지우스[4]의 사상에 기초한 영향력을 가진 개신교의 자연법이론은 근본적인 변화에도 불구하고 기본적으로 신중심적 방향에 꾸준히 머물러 있으면서도 동물을 의무체계에 포함시키는 데 성공했다. 동물은 "피조물을 배려하는 신에 대한 인간의 의무"를 위한 대상이 된다. "신에 대한 불경을 저지르지 않도록 피조물을 사용하라. 신에 대한 불경이 될 정도로 동물을 사용해서는 안된다. 그렇게 동물을 사용하는 것은 모든 자연법의 근거가 되는 신에 대한 내적 봉사에 어긋나는 것이다."[5] 이러한 내용이 초기 계몽주의자 토마지우스의 책 『신적 법론 3권』[6]에 담겨있다. 창조자를 경홀히 여겨서는 안 된다는 이유에서 몇몇 근대의 자연법 도덕학자는 동물과의 관계를 깊이 숙고하였다. 그럼에도 불구하고 토마지우스는 푸펜도르프와 함께 인간과 동물 사이에는 법공동체가 존재하지 않는다는 스토아학파의 확신을 고수했

---

3 Samuel von Pufendorf, 1632~694.
4 Christian Thomasius, 1655~1728.
5 Q6: 96.
6 Drey Büchern der Göttlichen Rechtsgelahrtheit, 1709.

다. 그리고 토마지우스는 데카르트의 동물 자동기계론의 경향을 가지고 있었으며, 동물에게 어떤 감각적 능력도 인정하지 않았다. 그러나 동물을 배려하는 것을 포함하는 신에 대한 의무는 엄격한 의무로 여겨졌다.

18세기에 동물권 운동과 함께 광범위하게 전개된 이러한 주장은 임마누엘 칸트[7]와 연결된다. 칸트는 이 주장을 자신의 의무론을 위한 새로운 체계에서 변화된 형태로 수용했다. 『도덕형이상학』의 덕론 17절에서[8] 칸트는 토마지우스 및 고대적 전통과는 다른 이론적 근거를 가지고 세 가지 변형된 내용을 제시한다. 첫째, 그는 데카르트에 반대하여[9] 동물이 고통의 능력을 가진다고 전제한다. 둘째, 신성한 인간의 양심을 고통의 능력을 가진 동물을 배려하는 방식으로 세속화하고, 동물학대 금지를 자기 자신에 대한 완전한 의무로 설명한다.[10] 셋째, 자기완성을 주장하는 고대 윤리학의 방향에서 벗어난다. 이것은 무엇을 의미하는가?

의무론의 구조를 새롭게 변경하면서 칸트는 이중적인 의무의 두 부류, 즉 자기 자신에 대한 완전한 의무와 불완전한 의무, 그리고 타인에 대한 완전한 의무와 불완전한 의무를 제시한다. 칸트에 따르면 의무가 완전해지기 위해서는 그 의무가 명백하게 부작위[불이행]의 의무

---

7 Immanuel Kant, 1724~1804.
8 W14: VI 443.
9 Naragon 1990, 참조.
10 Ingensiep 1996.

Unterlassungspflicht로서 정식화되어야 한다. 예를 들어, 의무는 자살 또는 거짓말을 통해 도덕적 주체인 자기 자신을 상해하는 것을 금지함으로써 완전해진다. 반대로 불완전한 의무는 적극적인 책무로서 양적인 해석의 공간을 가진다. 예를 들어, 재능계발 또는 도움이 필요한 사람을 원조하는 것을 목적으로 하는 의무는 불완전한 의무이다. 여기에서 중요한 것은 형태와 정도에서 정확하게 규정할 수 없는 불완전한 의무(완전해져야 할 의무)는 완전성의 개념을 받아들이고 있다는 사실이다. 새롭게 변경된 칸트 윤리학의 구조에서 신에 대한 의무는 더 이상 등장하지 않는다. 칸트는 그러한 의무를 '자기 자신에 대한' 완전한 의무로 바꾸고, 그것을 결정적인 책임의 법정으로 세속화한다. 확실한 것은 쇼펜하우어 이후 논쟁이 되고 있던 자기 자신에 대한 완전한 의무가 칸트에게는 모든 다른 의무의 토대가 되고 있다는 점이다. 왜냐하면 모든 다른 의무는 자기책무를 위한 능력과 그에 대한 의무를 전제하기 때문이다.[11]

이제 동물의 도덕적 위상과 관련된 결정적인 내용과 관련하여 칸트가 동물학대 금지를 어떤 의무의 부류에 편입시키고 있는지를 알아야 할 필요가 있다. 이러한 내용은 『도덕 형이상학』의 17절에서 사례들을 통해서만 다루어지고 있다. 이 사례들은 책무관계에 관한 오류들을 새롭게 발전시킨 의무체계에서 해명하기 위한 것이었다. 언뜻 보기에 칸트는 여기

11   W14: VI 417f.

에서 전통적인 타락논증을 사용하는 것으로 보인다. 『도덕철학 강의』[12]에서도 그는 18세기에 타락논증을 대중화한 영국의 예술가 윌리엄 호가드William Hogarth가 만든 4부의 동판화 연작 〈잔인함의 4단계〉[13]에 은연중에 연결시키고 있다. 거기에서 칸트는 타락논증을 "아이를 위해 좋은 이론"[14]으로서 교육학적 가치가 있다고 평가하면서도 동시에 그 논증의 근거를 문제 삼는다. 타락논증이 근거를 가진 이론으로서 중요한 것이라고 할지라도 그 논증은 타인에 대한 의무 중에서 재확인되어야 한다는 것이다. 그러나 칸트가 동물학대 금지를 덕론 17절에서 자기 자신에 대한 완전한 의무와 관련하여 논의하고 있다는 점에서 볼 때 자연법적 전통을 따른다고 할 수 있다.[15] 자기 자신에 대한 완전한 의무는 토마지우스와 푸펜도르프가 말하는 신에 대한 의무를 세속화된 방식으로 대체한 것이다. 그렇게 함으로써 칸트는 동물학대 금지를 더 이상 완전해져야 할 의무로 다루지 않고 자기 자신에 대한 완전한 의무로 다룰 수 있었다. 그런 점에서 그는—그렇지 않을 경우 가장 가깝게 여겨질 수 있는—스토아학파의 덕윤리학을 넘어서고 있다.

칸트가 동물과 연관하여 완전주의적 윤리학의 기본틀을 고수하려고 했다는 사실은 책을 구성한 그의 의도에서도 먼저 드러난다. 삽입절 "도덕적 반성 개념의 양면성에 대하여"는 의무론 1부 1권, 즉 자기 자신에

---

12  Vorlesung zur Moralphilosophie.
13  the four stage of cruelty, 1751.
14  W15: 346.
15  Schäfer 1999, 208f.

대한 완전한 의무의 부분을 포함한다. 거기에는 자기 자신에 대한 불완전한 완전성의 의무에 대한 부분이 이어진다. 그러므로 동물학대를 금지하는 것은 더 이상 스토아학자 플루타르크 또는 포르피리오스에서처럼 자신의 덕성을 고양시키기 위한 연습이 아니라, 엄격하게 배려해야 할 의무가 된다. 그 의무는 각자의 완전성의 정도에 따르는 것이 아니라 주의하지 않을 경우 도덕성의 기반을 흔드는 것이다. 이렇게 강조점을 새롭게 변화시킴으로써 동물의 고통은 독자적인 비중을 가지게 된다.[16]

칸트는 동물학대 금지 이외에도 동물의 사용과 도살과 관련하여 동물이 느끼는 고통의 능력과 욕구에 대해 상대적으로 많은 분량을 할애했다. "…… 신속한 (고통을 주지 않는) 도살 또는 능력 이상으로 힘들게 하지 않는 노역(이것은 인간에게도 해당되어야 한다)은 인간의 권한 아래 속한다. 이에 반해 순전히 사변을 목적으로 하는 고문과 같은 생체실험은 그것 없이도 목적을 이룰 수 있다면 삼가야 한다. 늙은 말이나 개가 (동거인과 마찬가지로) 오랫동안 수행한 봉사에 감사하는 것조차 **간접적으로는** 인간의 의무에 속한다. 그러나 그러한 동물을 배려한다는 점에서 **직접적으로** 본다면 그러한 배려는 항상 자기 자신에 대한 인간의 의무일 따름이다."[17] 칸트는 동물이 가진 고통의 능력을 동물실험의 맥락에서 뿐만 아니라 사용하는 관계에서도 한계를 긋고 있으며, 나아가 사

---

16  Grünewald 1988, 98.
17  W14: VI 443.

용되지 않는 집안의 동물을 위해서도 감사의 태도에서 베푸는 시미施米, Gnadenbrot를 요구한다. 이것은 바로 뒤에서 상세하게 다루는 타인에 대한 적극적인 사랑의 의무와도 유사하다.[18] 18세기에 활발했던 동물영혼, 동물보호, 동물권에 관한 논의에서 강하게 제기되었던 동물해부 실험에 대한 비판은 동물보호에 관한 칸트의 글 속에 뚜렷한 흔적을 남겼다. '인간중심주의적' 논증을 담고 있는 그 흔적은 칸트를 거쳐 19세기에 제정된 독일 동물보호법에 반영되었다.

왜 칸트는 동물에 대한 직접적인 의무를 정식화하지 않았는가? 칸트에 따르면 평등한 정의와 연결되기 위해서는 두 가지 조건이 필요하다. 첫째, 존재하는 것은 자신의 의지를 표현하기 위해 경험적으로 주어져야 한다. 둘째, 존재하는 것은 도덕적 능력이 있어야 한다. 다시 말해 이성직 의지를 소유해야 한다. 첫 번째 조건이 신에게는 빠져있고, 두 번째 조건이 동물에게는 빠져있다. 그러므로 상대방의 자율적인 의지와 연관될 수 있어야 하는 권리의 관계는 신과도 동물과도 맺을 수 없다.[19] 그러나 칸트는 도덕적 관점에서 동물의 고통은 물론 동물의 욕구를 배려하였으며, 나아가 배려의 의무와 책임의 의무라는 새로운 차원을 위해 엄격하게 평등을 유지하는 이성공동체를 제시했다. 그로부터 근대의 자연법에서 전수된 다음의 정식, 즉 '~를 배려하는 의무' 또는 '간접적 의무'는

---

18  W14: VI 456f.
19  Grünewald 1988, 99f.

오늘날 '~ 위한 책임'으로 더 좋게 번역될 수 있다. 이러한 해석은 칸트가 타인에 대한 배려의 측면을 불완전한 사랑의 의무라는 형식 속에 통합했다는 사실을 통해서도 증명된다. 이를 통해 무이성적 감각생명체로서 동물은 '인간 종과의 유비Analoga' 속에 놓인다.[20] 그러나 동물은 상해의 관점에서는 인간과 유사하지만 이성적 의지의 관점에서 유사하지 않다.

정리하면 이것은 다음을 의미한다. 칸트가 동물의 '배려'라는 관점에서 자기 자신에 대한 완전한 의무들을 구별한 이유는 인간과 동물의 원칙적 차이만큼 유사성도 동등하게 고려했기 때문이다. 독일어권에서 동물윤리에 관한 논의를 진행하고 있는 귄터 파지히Günter Patzig, 오트프리드 회페Ottrfried Höffe, 로타 쉐퍼Lothar Schäfer, 위르겐 하버마스Jürgen Habermas는 당연히 차이는 있지만 모두 칸트와 연결된다.


## 알버트 슈바이처: 이성적 외경


잘 알려진 것처럼 칸트가 제시한 동물보호 윤리학에 관한 종합적인 논증은 원래의 것과는 다른 타락논증으로 거의 축소되고 말았다. 이것을 쇼펜하우어도 자신의 논쟁에서 지적한 바 있다. "그러므로 순수하게 훈련을 위해 사람들은 동물에 대한 동정을 가져야 한다. 그리고 동물은 말

---

20　W15: 345.

하자면 인간에 대한 동정을 훈련하기 위한 병리학적인 환영이다."[21] 이러한 비판은 칸트에 대한 알버트 슈바이처[22]의 판단에도 영향을 미쳤다. 그렇지만 생명의 외경에 대한 슈바이처의 윤리학이 칸트로부터 많은 자극을 받은 사실은 부인할 수 없는 것이다. 특히 슈바이처의 도덕적 중심 개념인 '외경Ehrfurcht'은 괴테와 칸트에 의해 형성되었다.[23]

칸트는 이성적인 '참된 외경'의 태도와 자연적 느낌으로서 '병리학적 공포를 철저하게' 구별했다.[24] 괴테는 『빌헬름 마이스터의 방랑시대』[25]에서 칸트를 따르고 있다. "공포는 자연에는 잘 맞지만 외경에는 그렇지 않다."[26] 마찬가지로 슈바이처에게도 삶의 외경은 자연발생적 느낌이 아니라 동정과 마찬가지로 존중을 통해 형성되는 태도로 여겨진다. 이러한 태도를 그는 생의 보편적 투쟁 속에 얽혀있는 모든 존재와 대조적으로 도덕적 능력을 가진 주체인 인간에게 요구한다. 그렇기 때문에 슈바이처의 윤리학은 자연주의적 또는 정의주의적 도덕이 아니다. 왜냐하면 그의 도덕은 자연적 느낌이 아니라 고유한 도덕적 주체성을 가진 이성적 통찰에 뿌리를 두고 있기 때문이다. 슈바이처도 모든 생명체처럼 인간도 다른 생명체에 의존해서 살아야 한다는 사실로부터 벗어날 수 없다는 것을 인정하면서도 유일하게 인간은 이러한 불가피한 딜레마에서 상해의 한

---

21  W19: IV 162.

22  Albert Schweitzer, 1875~1965.

23  Baranzke in Hauskeller 2006, 13–51, 참조.

24  W14: V 481f.

25  Wilhelm Meisters Wanderjahren.

26  W9: XVII 386f.

계를 의식할 뿐만 아니라 불가피하게 자신의 삶을 위해 빚지고 있는 모든 생명체에 대해 적극적인 도움의 활동을 통해 부분적으로 보상할 수 있는 능력과 책임을 가지고 있음을 강조한다.

청지기의 사명이라는 개신교의 전통을 이어받은 슈바이처에게 동물살해 행위와 식물을 베는 행위는 책임이 따른다.[27] 그의 윤리학은 "살아있는 모든 것에 대해 무한히 확장된 책임"의 윤리학이다. 이 윤리학은 외경 개념을 통해 이성적 도덕주체에 속하는 자기책임의 측면을 강조하며, 칸트가 말한 사랑의 의무를 살아있고, 살고자 하는 모든 것으로 확장하려는 능동적인 기독교적 사랑의 윤리와 자비의 윤리를 통해 강화하고 있다. 물론 슈바이처는 어떤 규범적인 윤리도 제시하지 않았다. 그런 점에서 그는 윤리적 논의에서 규범적 약점을 가지고 있다고 비난을 받는다. 슈바이처 계열의 윤리학을 대표하는 가장 중요한 인물로는 귄터 알트너[28]가 있다.

---

27  W20: 388ff.

28  Günter Altner 1991 u. 2005.

# 자연주의적 동물윤리학
## : 직접적 의무, 도덕적 권리와 이익

### 자연주의적 기획: 행복한 동물

근대의 동물윤리학자들은 동물을 위한 자비, 동정, 배려로 만족할 수 없었다. 이미 18세기에 동물을 위한 정의를 요구하는 목소리가 있었다. 그것은 간접적인 책무가 아니라 직접적인 의무, 특 정의의 의무를 인간이 동물에 대해 가져야 한다는 요구로 나타났다. 동물은 인간에 대해 도덕적 청구권을 가지고 있으며, 필요할 때 그것을 정당화해 주는 대변자의 도움을 받을 수 있어야 한다는 것이다. 빌헬름 디틀러[1]로부터 헨리 솔트[2]에 이르기까지 인권에 대비되는 동물권이 줄기차게 요구되었다. 인권과 마찬가지로 동물권을 위해서도 자연법적인 주장과 신법적 논증은

---

1   Wilhelm Dietler 1787, W7.
2   Henry Salt 1892, W18.

유효한 것으로 여겨졌다. 이에 따르면 동물은 자연 또는 신으로부터 주어진 감각적 삶의 향유를 위한 권리를 요구할 수 있다. 특히 이와 연관하여 라이마루스Reimarus는 본능을 주장하는 이론가로서 동물에게 '예술충동'을 넘어선 이성이 있다는 것을 인정하는 입장과는 거리를 두고 있음에도 불구하고 데카르트적 동물 자동기계론의 대표자들에 반대하며 물리신학적으로 동물권의 이론적 타당성을 제시했다. 이에 따르면 이성적 존재만이 아니라 감각할 수 있고 행복을 느낄 수 있는 모든 생명체는 창조의 목적이자 목표이다.

동물 종의 수에 상응하는 가능한 행복단계의 수가 있다. 이에 대해 영향력 있는 자연철학자 샤를 보네Charles Bonnet는 그의 저서 『반복재생』[3]에서 다음과 같이 주장한다. "이 모기가 자신의 형태와 방식으로 실재하는 것의 단맛을 즐기는 감각적 능력의 존재라는 것"을 도덕적 인간이 알고 있듯이 "인간은 기분에 따라 또는 아무 생각 없이 재미로 모기의 생명을 빼앗아서는 안 된다."[4] 덴마크의 학자 프롭스트 라우리츠 스미스 Probst Lauritz Smith는 이러한 주장을 『동물의 본성과 규정 및 동물에 대한 인간의 의무에 관한 전체적 이론구조』[5] 2판에 포함시키고, 동물이 가지는 이중적인 지위—"신의 돌봄"이라는 원형적 환경론의 맥락에서의 종으로서의 지위와 본성과 행복을 향유하는 개체로서의 지위—에 대한 이

---

3  Palingenese, 1769.

4  재인용, Maehle 1992, 129.

5  Ein vollständiges Lehrgebäude der Natur und Bestimmung der Thiere und der Pflichten des Menschen gegen die Thiere, 2판 1793.

론을 발전시켰다.[6]

동물의 개체화는 동물권 운동 및 동물보호운동의 발전을 위한 전제이다. 제러미 벤담Jeremy Bentham은 서구 세계에서 첫 번째 동물보호법이라고 할 수 있는 영국의 가축학대에 관한 법Cattle Act[7]을 제정하기 위해 선두에 나선 철학자이다. 그는 저서『도덕과 법 제정의 원리 입문』[8]에서 노예와 여성을 위한 근대 자유운동을 다루면서 비중 있는 각주를 첨부하여 동물에 대해 언급했다. 이후 자유, 평등, 박애를 주창하는 프랑스 혁명의 이상은 이익의 평등한 배려와 연결되면서 동물윤리에 서광을 비추었다.

인간과 동물 사이에서 이익의 평등성에 기초한 정의를 이끌어내기 위해서는 이성을 약화시킬 수밖에 없다. 평등한 정의공동체의 구성원을 위한 기준으로서 이성은 감각능력 및 고통 또는 행복의 능력으로 대체된다. 이때부터 윤리학에서는 개체화와 마찬가지로 자연화 또는 삼사화 Empirizierung가 점차 더 강한 역할을 하게 된다. 중요한 것은 각자 자신의 '행복추구'를 위한 평등권이다. 도덕적 권리요구의 다양화에 근거하고 있는 "행복한 돼지보다 불만족스러운 인간이 더 낫다"는 존 스튜어트

---

6  Baranzke 2002, Kap. V.

7  1822년에 영국에서 제정된 가축 학대에 관한 법(Cruel Treatment of Cattle Act)은 동물권 운동가인 리처드 마틴(Richard Martin)이 주도하여 통과시킨 최초의 동물복지 관련법으로서 "마틴법"이라고도 불린다. 이 법률은 1849년 동물학대법으로 개정되었다. ― 역주

8  Introduction to Principles of Morals and Legislation, 1789.

밀의 주장은 설득력을 상실하게 되었다.

18세기 이후 인간의 특수한 상황과 동물을 비교하는 논증들이 많아지기 시작했다. 그와 관련된 가장자리-경우 논증Marginal-case-Argument은 일찍이 벤담에 의해 논의되기 시작했다. "사고할 능력 또는 혹시 말할 능력이 있는가? 성숙한 말 또는 개도 하루, 한 주, 심지어 한 달된 유아보다 훨씬 더 잘 소통하고 표현한다. 그렇지 않다고 하더라도 무엇이 다른가? 이 물음은 말과 개가 **사고할 수 있는가** 또는 **말할 수 있는가**를 묻는 것이 아니라, 그들이 **고통을 느낄 수 있는가**를 묻는 것이다."[9]

이러한 배경에서 인간의 지위는 동물윤리학의 도전적인 주제가 되었다.[10] 인간의 지위라는 명목 아래 스토아학파 이후 동물은 착취와 고통을 당했다. 이러한 주제에서 동물윤리학을 위한 비형이상학적 정의윤리학의 근거를 경험적 토대에서 찾는 동물윤리학자들이 왜 인간의 지위와 인격적 지위를 부정하거나 아니면 그 지위를 왜 인간이 아닌 생명체로까지 확장하는지가 밝혀진다. 이러한 두 입장은 종차별주의 비판이라는 이름으로 등장한다. 어떤 경우에서든 인간과 평등한 또는 인간과 견줄 만한 '도덕적 지위'가 주장된다. 이 주장은 주로 '내재적 가치', '자기목적성', '자기가치' 또는 '피조물의 지위' 및 '동물의 지위'와 같은 표현으로 제시된다.[11]

---

9　재인용, Q6: 134f.
10　Ach 1999, 159—180의 별론 참조.
11　Kunzmann 2007, 참조.

## 칸트의 전통을 따르는 동물권 윤리학자
## : 레오나르드 넬슨과 톰 리건

칸트는 근대에서 인간의 지위를 배타적으로 도덕적 인격존재의 자율성과 연결시켰다. 동시에 그는 자기 자신에 대한 완전한 의무를 통해 동물을 위한 책임의무를 도덕적 자율성과 인격적 지위의 개념 안에 통합했다. 그러나 칸트를 심리학적으로 해석하는 학파에 속하는 괴팅엔의 철학자 레오나르드 넬슨[12]은 저서 『철학적 윤리학과 교육학의 체계』[13]에서 그러한 길을 따르지 않는다. 그는 쇼펜하우어처럼 자기 자신에 대한 의무의 가능성을 "모든 의무는 타자에 대한 의무이다"라는 논증을 통해 비판하고, 동물에 대한 직접적 정의의 의무를 요구한다.[14] 이를 위해 그는 칸트의 윤리학을 이익의 윤리학으로 변형시키고 주요개념들을 새롭게 정의한다. 특히 그는 의무 주체와 법 주체를 분리시킨다. 이를 통해 그는 원칙적으로 의무의식의 능력을 가진 존재만이 법의 권리요구도 할 수 있다는 칸트의 법–의무 대칭이론을 해체한다. 넬슨은 동물을 "법-인"Rechts–Person이라는 개념 아래 이익의 당사자로 포함시킨다.[15] 이로써 동물은 자신의 '이익'이 존중되는 청구권을 갖는다. 넬슨은 '이익'을 "사

---

12  Leonard Nelson, 1882~1927.

13  System der philosophischen Ethik und Pädagogik.

14  Nelson §§65—§§67.

15  Person'을 '인격'으로 번역하는 우리말에는 그 의미가 이미 인간에만 한정되어 있어 의미의 차이를 드러내기 위해 관련 맥락에서는 넬슨의 개념에 따라 '법인'으로 번역한다. – 역주

물에게 가치 또는 무가치를 부여할 수 있는 능력"으로 정의한다.[16] 개념적 판단능력을 소유할 필요 없이 법인은 "쾌와 불쾌를 느낄 수 있는 자"이다.[17] 따라서 모든 법인은 감각적 이익의 당사자로서 법적 주체이다.

그러나 법인 중의 몇몇은 이를 넘어 의무 주체이기도 하다. 왜냐하면 이 주체는 이성적 존재로서 의무를 갖는다는 것이 무슨 뜻인지를 알 수 있기 때문이다. 의무 주체와 법적 주체를 분리하고, 법인 개념을 감각적 존재에까지 확장한 후에 넬슨은 지위 개념을 칸트처럼 의지의 자율성이 아니라 이익을 배려할 수 있는 법적 권리요구와 연결한다. "법인적 지위의 원칙에 따라 이익을 소유하는 모든 존재, 즉 모든 법인은 자기이익의 존중에 대한 권리요구를 갖는다. 이러한 권리요구는 법인의 권리이다. 그러므로 모든 법인은 권리의 주체이다.[18] 왜냐하면 법인은 그 개념에 따라 이익의 주체이기 때문이다."[19]

이익 당사자는 동시에 지위의 당사자이다. 그러나 도덕적 지위는 넬슨에게 그 자체로 경험적으로 증명될 수 있는 의지의 이성적 규정(자율성)을 가질 필요가 더 이상 없는 법인의 지위이다. 지위는 자기책임의 의무에 대한 권리요구와 직접 연결될 필요 없이 타자에 대한 기본권 요구의 기초로 소급된다. 따라서 넬슨은 동물을 평등한 이익 당사자로서 정의로운 공동체에 수용하기 위해 지위를 규정하는 능력 위주의 이론적 동기와

---

16  Nelson §§44.
17  Nelson §§66.
18  'Recht'는 맥락에 따라 '법' 또는 '권리'로 번역한다. – 역주
19  Nelson §§46.

거리를 둠으로써 지위의 방어적 성격을 강화한다. 그렇게 할 때 법인적 지위의 존중에 근거하여 도덕적으로 무능력한 인간의 기본권의 요구도 축소되지 않는다.

일찍이 새로운 동물권 논쟁에서 이미 보여주었던 넬슨의 입장과 유사하게 미국의 철학자 톰 리건[20]은 동물권에 관한 고전으로 여겨지는 저서『동물권 사례』[21]에서 동물윤리와 연관하여 칸트가 말한 '간접적 의무론'에서 벗어나 동물의 자기목적적 성격을 '내재적 가치'의 형식에서 증명하려고 시도했다. 그리고 이를 통해 동물에 대한 '접적 의무'의 근거를 제시할 수 있다고 여겼다. 리건은 '간접적 의무'에 대한 자신의 이해를 다른 사람의 개에게 상해를 입힌 것과 다른 사람의 자동차를 파손한 것과 비교하면서 설명한다.[22] 두 사례에서 직접적인 의무 위반은 소유물에 '대한' 것으로만 부각된다. 반면 공격받은 개는 단지 훼손된 소유물로서 깨진 자동차의 유리창과 다르게 보이지 않는다. 왜냐하면 두 사례는 '배려하는 의무'의 범주 아래에만 포섭되기 때문이다. 다시 말해 영어권 영역에 강하게 뿌리박고 있는 존 로크의 소유 개념에서 이해된다.

리건은 생명체의 상해를 '간접적 의무'의 전통에서 특별하게 강조되는 책임의무의 틀에서 고려하려는 입장을 받아들이지 않는다. 생명체를

---

20  Tom Regan, 1938~현재.

21  The Case for Animal Rights, 1983; 2판 2004.

22  Regan Q5.

무책임한 행위로부터 보호하기 위해 그는 인간의 보편적 지위의 성격들을 담지한 '내재적 가치'의 '요청'을 정식화한다. 개체의 내재적 가치는 획득할 수도 상실할 수도 없으며, 제3자의 평가를 위해 그리고 그것에 의한 유용성과는 무관한 것이다. 내재적 가치는 리건의 개념에서 여러 가지 기능을 떠맡는다. 이로부터 내재적 가치는 계약윤리학자와 칸트와는 반대로 동물에 대한 직접적 의무를 위한 근거를 제시할 뿐만 아니라 개체를 위한 절대적 보호로서 공리주의적인 행복의 총합과도 배치된다. 내재적 가치는 개체의 감각적 상태와 공익을 위한 개체의 유용성과는 무관하기 때문이다. 나아가 내재적 가치는 인간과 동물 사이를 잇는 존재론적 연결 기능을 한다. 양자의 심리학적 공통성을 리건은 '생명의 주체'라는 표현으로 개념화하려고 시도한다.[23] 리건에 따르면 자신의 생명을 자신의 것으로 체험하는 주체들은 그러한 경험을 개념적으로 의식할 필요가 없으며, 확신, 소망, 지각, 기억, 미래의식, 감정, 쾌와 고통의 감정, 선호되는 이익, 시간 속에서 지속하는 심신적 자기 정체성에 대한 느낌, 그리고 타자의 이익과는 논리적으로 독립된 자기행복에 대한 느낌을 갖는다.

리건이 신데카르트주의와 행동주의의 입장에서 획득한 이러한 능력들의 목록[24]은 오늘날에 이르기까지 동물에 관한 정신철학과 언어철학에서 논쟁적 대상이 되고 있다. 그러나 인식론적으로 요구되는 기준은 필요

---

23  Cohen/Regan 2001, 209.

24  Regan 2004, Kap. 1–3.

조건이기보다는 충분조건으로서만 기능한다. 이를 통해 개별적인 생명체에게 평등한 내재적 가치의 존중에 근거한 권리를 부여할 수 있고, 자의적인 도구화를 거부할 수 있다. 주체의 기준은 넬슨의 이익윤리학에서 제시된 법인 개념처럼 모든 동물을 포함하지는 않고 우선 포유동물에 적용된다. 그러나 리건의 핵심주장은 인간과 동물에서 윤리적 평등의 차이를 극복하는 데 있다. 이를 위해서는 특수한 종이 가진—이론적이고 실천적인—이성적 능력에 대한 측량기준을 개별적으로 증명될 수 있는 경험적 체험능력으로 낮출 필요가 있다. 이런 점에서 리건에게서는 개별적인 인간의 특수한 상황에 대한 논증(가장자리-경우 논증)도 역할을 한다. 유아, 지적장애자, 혼수상태에 있는 자 등은 우연적인 경험적 조건에 근거하여 도덕적 능력이 아직 없는 경우, 현재 없는 경우, 또는 더 이상 없는 경우라고 할지라도 법공동체에 속한다. 리건에게 종적 귀속성이란 어떤 신뢰힐 수 있는 도덕적 근거가 아니며, 이성능력도 명백한 것이 아니다.

이러한 근거에서 그는 어떤 인간은 도덕적으로 능력이 없지만 존중받아야 할 '도덕적 무능력자'로서, 어떤 인간은 도덕적으로 능력이 있는 '도덕적 행위자'로서 구별한다. 이 구별은 넬슨의 구별, 즉 '법적 주체'와 '의무 주체'에 대응된다. 시민권 운동을 지지하는 철학자로서 리건은 도덕적으로 무능력한 인간의 기본권을 의문시하는 것을 허용하지 않는다. 이 기본권은 '도덕적 무능력자'에게도 적용되어야 하는 것이기 때문이다. 오히려 그는 동물권 윤리학을 인권 윤리학의 통합적 요소로서 이해하고, 이러한 단초를 발전시켜 넓게는 기본권에 대한 공리주의적 부정에 반대하고, 좁게는 피터 싱어의 동물해방 윤리학을 일부만 수용한다. 내재적 가치의 개념은 '도덕적 무능력자'로서 칸트의 법-의무 대칭조건을 충족시키지 않아도 동물이 기본권에 참여할 수 있는 계기를 부여한다. 그러므로 리건은 이성적 존재를 위한 전통적인 배타적 인간중심주의의 정의윤리학을 도덕적으로 무능력한 동물적인 경험주체로 확장했다. 리건에 따르면 새롭게 정의된 정의로운 공동체의 자연스런 구성원으로서 동물은 평등한 내재적 가치의 존중―'존중의 원칙respect principle'―에 대한 청구권과 그로부터 도출되는 상해 금지―'해악의 원칙harm principle'―에 대한 청구권을 갖는다. 리건은 '존중의 원칙'을 도구화 금지로 이해하고, 거기에서 동물의 특수한 도덕적 권리로서 동물실험, 상업적 활용과 경제적 약탈의 정언적 금지를 도출한다.

문제는 리건의 요구가 윤리적으로 근거가 제시되고 있지 않다는 사실이다. 왜냐하면 다음과 물음이 남아있기 때문이다. 도대체 왜 우리는 '요청'하기만 하고 그 자체로 근거가 제시되지 않은, 소위 내재적 가치를 존중해야 하며, 심지어 그것을 전면적인 도구화 금지라는 넓은 의미에서 존중해야 하는가? '생명의 주체'[25]라는 규정의 기준도 여전히 불명확한 상태에 있다. '도덕적 행위자'와 '도덕적 무능력자'의 구별, 그리고 기초적인 정의윤리학적 '존중의 원칙'과 그로부터 도출된 '해악의 원칙'[26]의 이중성을 통해 리건이 보여주는 동물권의 단초는―그가 넬슨처럼 경험

---

25  Birnbacher 2006, 234ff.
26  Regan 2004, Kap. 7.

적 영역으로 진입하려고 명백하게 시도했음에도 불구하고—형식적으로
는 푸펜도르프에서 칸트에 이르는 근대 자연법적 전통과의 연속성을 보
여준다.[27] '도덕적 무능력자' 또는 '도덕적 권리'라는 개념은 계속해서
칸트의 법-의무 대칭을 깨는 데 많은 동물윤리적 단초를 제공했다. 소
위 '도덕적 권리'와 구별되는 인간이 아닌 자연존재에 대한 '법적 권리'
에 대한 법철학적 논의—이에 대해서는 여기에서 더 이상 다루지 않을
것이다—는 독자적인 방식으로 진행되었다.[28]


## 권리 대신에 해방: 피터 싱어의 공리주의적 이익윤리학


사실상 현대 동물윤리학의 설립자라고 할 수 있는 피터 싱어[29]는 칸트
저 유형의 정의 이론이 아니라 벤담의 감정중심적 공리주의와 연결되어
있다. 『동물해방』[30], 『실천윤리학』[31], 그리고 그가 편집한 모음집 『동물
권과 인간의무』[32], 『동물의 방어』[33], 『유인원 대기획』[34]과 같이 근본적으
로 동물윤리적 논의를 담고 있는 그의 저작들은 현대 동물윤리학의 기초

---

27   von der Pfordten 1996, 141—149.
28   von der Pfordten 1996, 291—303; Caspar 1999; Hoerster 2004, 95—104(비판적 측면) 참조.
29   Peter Singer, 1946~현재.
30   Befreiung der Tiere.
31   Praktische Ethik.
32   Animal Rights and Human Obligation, 1976, 톰 리건과 공동연구.
33   In Defence of Animals, 1985.
34   Great Ape Project, 1993, 파올라 카발리에리와 공동연구.

적인 문헌에 속한다.

평등사상이야말로 싱어의 윤리학을 위한 근본적인 출발점이다. 벤담이 보여준 해방의 수사학을 다시 사용하면서 싱어는 평등한 이익고려의 원칙을 "우리 종을 넘어"[35] 심지어 "고통을 느끼고 기쁨을 느낄 수 있는 능력"에 근거하여 일반적으로 이익에 대한 관심을 가질 수 있는 모든 존재로 확장시킬 것을 요구한다. '감각능력의 한계'는 싱어에게 중추신경계를 가지고 있지 않은 동물에게까지 미치는 윤리학의 한계를 표시한다. "한 존재가 고통을 느끼지 못하고, 기쁨과 행복을 경험할 수 없다면 배려할 것은 아무것도 없다. 그런 까닭에 감각능력은 …… 타자의 이익을 배려하기 위해 유일하게 표시할 수 있는 한계이다. 지성 또는 합리성과 같은 어떤 다른 표지에 의해 이러한 한계를 확정하는 것은 그 한계를 자의적으로 확정한다는 것을 의미한다."[36] 그러나 단순한 감각능력은 고통을 주는 행위의 금지에 대한 근거가 된다. 살해에 반대하는 도덕적 근거는 감각능력을 가진 생명체가 자기 생명의 연장을 위한 의식적인 선호를 가질 때 비로소 제시된다.

그러므로 싱어는 도덕공동체가 두 부류로 구성되어 있다고 여기는 선호공리주의Präferenzutilitarismus를 대표한다. 한 부류는 감각능력만을 가진 생명체이다. 이 생명체는 고통에서 벗어나는 이익에 관심을 가지고 있지만 언제든지 고통 없이 살해될 수 있다. 다른 부류는 인격이라 불리는 자

---

35  Singer 1994, 83.
36  Singer 1994, 85.

기의식을 가진 생명체이다. 이 생명체는 감각능력을 넘어서 자기존재의 지속성에 대한 이익에 관심을 가지기 때문에 살해되어서는 안 된다. 싱어는 인격의 범위를 적어도 미래의식을 보여주는 동물 종―그는 넬슨보다 인격의 범위를 더 좁게 보고 있다―으로 확장했을 뿐만 아니라 로크를 소환하여 많은 인간의 인격적 지위도 문제를 삼았다. 따라서 싱어는 유아를 감각능력만을 가진 생명체의 부류에 귀속시킨다. 인간의 태아는 싱어에게 감각능력의 한계 저편에 있기 때문에 도덕적으로 중요하지 않게 여겨진다. "인간만이 인격이 아니다"라는 넬슨과 리건의 정식을 싱어는 추측컨대 로크에 기반을 둔 입장, 즉 "모든 인간이 인격은 아니다"로 확정한 것은 윤리적 뇌관을 감추고 있다고 볼 수 있다.

인권의 이념을 앞서 제시한 사상가의 한 사람으로서 로크는 인권을 창소신획적으로 정초하고, 모든 인간에게 적용되는 보편적 권리로서 인간의 개념과 연결했다. 인격 개념을 로크는 행위에 대한 귀책사유를 묻는 법정, 그리고 형법적으로 중시되는 개념으로 도입하기 위해 그 의미의 범주를 좁게 규정했다. 그러나 싱어는 공리주의자로서 앞서 정립된 보편적 인권의 존재를 문제 삼고, 개별자의 권리에 대한 언급을 일반적으로 거부한다.[37] 나아가 그는 일견 정당한 것으로 보이는 직접적 살해의 금지를 인격적 지위의 조건과 연결한다. 심지어 그는 "인간의 지위를 낮추지 않고 동물의 지위를 높이려고" 한다. 그러나 결과적으로 다른 한편

---

37  Singer 1994, 129ff.

에서는 가장자리-경우 논증을 활용한다. "나는 정신적 장애를 가진 인간 들에게 색소가 든 음식을 그들 중 절반 이상이 죽을 때까지 먹게 하는 것 을—비록 어떤 물질이 토끼와 개로 실험을 할 때보다도 인간에게 위험하 지 않다는 정확한 단서가 우리에게 확실하게 있다고 할지라도—제안하 고 싶지 않다. 물론 나는 정신적으로 장애를 가진 인간을 그렇게 취급하 는 것이 부당하다는 우리의 확신을 유사한 자기의식의 단계에 있으며 유 사한 고통의 능력을 소유하고 있는 인간이 아닌 생명체에게도 기꺼이 확 대하기를 원한다."[38]

## 이익윤리학과 살해의 문제

많은 동물윤리학에서 동물이 현재에 매인 존재인지 아니면 적어도 미 래의식 또는 죽음에 대한 의식을 가지고 있는지에 대한 여부가 특정한 동물 또는 동물 종의 살해에 대한 합법성을 결정한다. 유인원은 일반적 으로 동물윤리적으로 논란의 여지 없이 확장된 생명보호 대상 그룹으로 여겨진다. 그러나 다른 동물들이 그러한 권리요구를 정당하게 할 수 있 는지는 그들이 순전히 현재에 매여 있는 존재로 여겨지는지, 또는 그들 의 행동이 현재를 넘어서는 생의 의지를 보여주는지, 또는 기호언어로 전달되는 죽음에 대한 의식이 있는지의 여부와 자주 연관된다.[39]

---

38  Singer 1994, 109f.

39  Patterson/Gordon in Cavalieri/Singer 1994, 108f.

싱어가 제시한 두 단계의 선호공리주의에서 살해금지와 그에 상응하는 강력한 생명보호의 권리요구는—순수한 현재의식을 초월하는 능력과 연결된—존 로크의 인격에 대한 정의로 소급되는 절대적 생명권[40]이 아니다. 마이클 툴리Michael Tooley는 낙태와 신생아 살해의 합법성을 뒷받침함과 동시에, 그에 대한 자신의 논증에서 동물윤리적 결론을 해명하기 위해 모든 다른 권리를 위해 전제되는 생명권의 성격을 문제 삼고, 그런 방식에서 서열에 따라 정리된 기본권의 목록에서 생명권을 분리시킨 초기 학자 중의 한 사람이다. 이에 따르면 단순히 감각능력은 있지만 자기의식을 가지지 못한 존재, 가령 어린 고양이 또는 신생아는 학대받지 않을 도덕적 권리요구를 가진다. 그에 반해 고통 없는 살해는 도덕적으로 중요한 문제가 아니다. 그렇지 않다면 신생아와 유아는—여전히 형이상학적 종차별주의적 의심을 받는—기본적인 인권보호를 받지 못하게 된다.

얼마 후에 그가 제시한 '특수 이익원칙spezielle Interessenprinzip'에 따르면 "어떤 존재가 권리 R의 소유를 통해 촉진되는 이익 I를 가질 수 없다면 어떤 특수한 권리 R도 가질 수 없다는 사실은 개념적 진리"이다.[41] 툴리에 따르면 생명체의 생명권을 위한 전제조건은 연명의 이익에 대한 관심이다. 생명의 이익에 대한 관심을 소유하기 위한 전제조건으로서 그는 로크의 인격에 대한 정의를 다시 가져온다.

---

40  von der Pfordten 1996, 135.

41  Tooley 1990, 188.

툴리의 '특수 이익원칙'은 이익윤리학자 조엘 파인버그Joel Feinberg가 그의 유명한 논문 「동물과 태어나지 않은 세대의 권리」[42]에서 정식화한 일반 이익원칙과 구별된다. 이것이 의미하는 것은 다음과 같다. "사람들이 권리를 인정**할 수 있는** 존재에는 정확히 이익을 가지는 (또는 가질 수 있는) 자들이 속한다."[43] 파인버그의 '이익원칙'은 "도대체 어떤 존재가 도덕적 권리를 가질 수 있는가"를 해명하는 '개념 분석적 논제'로서 이해된다.[44]

파인버그는 동물, 식물, 생명체 종, 죽은 것, '연명 치료하는 인간', 태아, 미래세대에 주목하면서 다음과 같은 결론을 맺는다. "의식, 기대, 확신, 열망, 목표 또는 목적이 없이는 어떤 존재도 이익을 가질 수 없다. 아무런 이익이 없다면 사람들은 그 존재를 위해 어떤 선행도 할 수 없다. 그리고 사람들이 그 존재에 선행을 할 수 없다면 권리 당사자도 있을 수 없다. 그럼에도 불구하고 마치 그러한 권리를 소유한 것처럼 대우할 수 있는 수많은 다른 근거가 있을 수 있다."[45] 파인버그에 따르면 "권리를 갖는다는 것은 누군가를 **상대하여** 어떤 것에 **대해** 요구함을 의미한다. 이에 대한 인정은 법에 의해, 또는 도덕적 권리의 경우에서처럼 깨어있는 양심의 원칙에 의해 요구된다."[46]

---

42  "The Rights of Animals and Unborn Generations", 1980.

43  Q2: 151.

44  Ach 1999, 54.

45  Q2: 166.

46  Q2: 141.

파인버그에 따르면 도덕적 권리의 요구는 이미 (자기 자신에게 유의미한 것을 지향할 수 있는) 약한 인식능력이라는 의미의 이익을 통해 형성된다. 그렇게 될 때 **관련된 존재 자체의 이익을 위한** 권리가 존중될 수 있다. 파인버그가 헨리 존 멕클로스키Henry John McCloskey에 반대하면서 확인해주고 있는 것처럼 관련된 존재가 자신의 권리를 알거나 그것을 스스로 정당화할 수 있어야 할 필요는 없다.[47] 관련된 존재가 의무능력을 가질 필요는 더더욱 없다. 그런 점에서 파인버그는 '자연적' 권리요구와 같은 것을 위해 '도덕적 권리'를 주장한다. 이를 통해 그는 공리주의에 근거한 분석적 법이론가로서 자연법적 논증에 가깝게 다가가고 있다.

그러나 파인버그가 자신의 '이익원칙'에서 '인정認定'을 말하고 거기에서 '**할 수 있음**'을 강조하며, 나아가 '인간과 평등한 방식으로 동물에게 생명권을 부여하는 것'을 '비이성적인 것'으로 여긴다면, 그는 다시금 인정이론Zuerkennungstheorie을 위해 앞서 정립된 것으로 주어진 확고한 도덕적 권리의 자연법적 존중과 멀어지는 것이다. '깨어있는 양심의 원칙'도 도덕적 권리의 존중으로 향하도록 하는 것처럼 보이지 않는다. 그가 제시한 원칙들이 사실상 어떤 근거의 자격을 가지는지에 대한 물음은 여전히 남아있다. 그렇지만 파인버그는 이익의 소유라는 조건에서 동물을 (미래세대와 마찬가지로) 앞으로 충분히 권리를 가질 수 있는 대상으로 여긴다.

1970년대 말부터 언어분석가 레이몬드 프레이Raymond Frey는 현대 동

---

47   Q2: 148.

물윤리학에 대립하는 전선을 형성했다. 이러한 방향을 제시하는 제목으로 그는 『이익과 권리. 동물에 반대하는 사례』[48]를 1980년에 출판했다. 이미 한 논문에서 그는 동물에게 적용되는 '권리, 이익, 욕구, 믿음'을 거부한다.[49] 프레이는 넬슨과 파인버그의 논증을 그 기초에서부터 반박하고 y가 단지 생명체 x의 **이익 속에 있는 것인지** 아니면 생명체 x가 y에 대한 **이익을 가지는지**에 대한 사례를 언어적 차이로 받아들인다. 프레이는 두 사례를 검토하면서 최종적으로 동물에게 적용되는 이익의 두 형식을 거부한다. 그는 약한 형식을 인정한다. 왜냐하면 x가 y의 이익 속에 있다는 것은 기름칠을 하는 것이 트랙터의 이익 속에 있다는 말처럼 은유적인 표현방식에 불과한 것이기 때문이다. 이로부터 트랙터의 도덕적 권리요구를 도출하는 것은 사실상 터무니없는 것이다. 이에 대해 프레이는 강한 의미의 이익을 언어의 소유와 연결한다. 동물은, 프레이의 신데카르트적 단초에서 보면 이론적으로도 도덕적으로도 살아있지 않은 대상과 구별되지 않는다.

톰 리건은 프레이의 주장에 대해 구체적으로 비판했다. 그의 비판은 프레이의 분석에서 유아의 언어 습득이 명확하게 드러나고 있지 않다는 데 초점이 맞추어진다.[50] 디터 비른바허Dieter Birnbacher는 약한 이익과 강한 이익이라는 프레이의 구별을 수용하지만, 동물과 연관된 추론을 따르

---

48  Interest and Rights. The Case Against Animals.

49  Q5.

50  Regan 2004, 특히 37—60; Ach 1999, 86—99, 참조.

지는 않는다. 그는 약한 이익을 훨씬 요구가 많은 것으로 정의하고, 그것을 의식 및 감각능력의 조건과 연결한다. 반대로 강한 의미의 이익은 로크의 인격에 대한 정의를 빌어서 훨씬 더 약한 것으로 규정한다.[51]

동물윤리학자에게 감각능력의 기준은 훨씬 더 비중이 높다. 그렇기 때문에 프레이 또는 카루더스의 입장과 같은 신데카르트적 입장에 강한 영향을 받지 않았다. 다른 한편으로 자신의 이익 속에 어떤 것이 있다는 사실이 어떤 존재에 의해 의미 있게 진술될 수 있는가에 대한 물음과 연관된 언어분석적 논쟁은 일상적 언어습관에 대한 메타윤리적 분석의 한계를 뚜렷이 보여주었다.[52] 프레이의 언어감각은 이익개념을 트랙터에 적용하는 것에 대해 반대하지 않는다. 왜냐하면 그러한 표현은 그에게 원래 은유적인 성격만을 가지기 때문이다. 반면 식물윤리학자는 그러한 표현의 본질적인 의미를 나무가 수분을 섭취하는 것에서 이익을 갖는다는 진술과 연결한다. 다시금 이것은 약한 이익의 소유나 삼각능력의 소선과 연결되어 있다고 보려는 감정주의적sentientistisch 동물윤리학자의 귀에는 불협화음으로 들린다. 감정주의적 입장은 동물의 생명권 및 살해금지를 감각능력이라는 요구가 없는 전제와 접목되어 있으며, 그로인해 동물윤리적으로 동기가 강화된 채식주의를 채택한다. 여기에 적어도 조개와 달팽이처럼 중추신경계가 없는 동물은 제외된다.

---

51  Birnbacher 2006.

52  von der Pfordten 1996, 153 이하.

그러나 감정주의적 입장은 다시금 논증들의 범위와 윤리유형들을 통합하려고 시도한다. 그렇게 함으로써 감정주의Sentimentismus는 이러한 이름을 부여한 리처드 라이더Richard Ryder가 보여준 것처럼 단일한 기준을 통해 보다 강하게 평등을 부각시킬 수 있었다. 또는 요한 S. 아흐Johann S. Ach는 더 광범위한 기준에서 제시되는 자기의식을 고려함으로써 살해금지의 엄격한 근거를 증명할 수 있었다. 계속해서 살해금지의 근거를 위한 감각능력의 기준은 다양한 윤리유형에서 역할을 하고 있다.

공리주의적 윤리학J.–C Wolf, 동정윤리학U. Wolf 또는 리건과 같은 도덕–권리–윤리학이 그러한 맥락에서 등장할 수 있었다. 자기의식, 미래의식 또는 죽음에 대한 의식을 기준으로 내세우는 입장과는 다르지만 엄격한 감정주의적 윤리학은 생명권의 근본적인 입장을 끝내 포기하지 않았다. 그러나 생명권과 연결된 권리요구의 강도는 절대적 권리로부터 엄격한 의미의 기본권에 이르기까지 다양하다.


**우리는 종차별주의자인가?**

"대부분의 인간은 종차별주의자이다." 이것은 오랜 역사를 가지고 현재까지 진행되고 있는 인간과 동물 사이의 윤리적 관계를 드러내는 피터 싱어의 도발적인 발언이다.[53] 그는—처음부터 분석적 도구와 논쟁적

---

53  Singer 1982, 28.

무기의 기능들에서 사용되는—'종차별주의Speziesismus'라는 용어를 일상적 행위는 물론 윤리적 반성에서 부당하게 인간을 '다른' 동물보다 우월하게 여기는 태도를 비판하는 데 적용한다. 이미 여기에서 싱어가 '인간'이라는 의미를 순전히 기술적인 생물학적 종의 특징으로 환원하며, 그것에 대해 어떤 가치도 허용하지 않으려는 입장이 명확하게 드러난다. '종차별주의'라는 용어로 그는 (인간이 아닌) 동물에 대한 도덕적 태도 속에 뿌리박힌 근본적인 질병을 진단한다. 또한 종차별주의의 문제는 동물심리학과 동물철학에서 나타나는 인식적 의인관의 윤리적 문제를 다루는 것이다.

인간이 동물을 단지 다른 생물학적 종에 귀속시킴으로써 차별하고, 생물학적 공통성 때문에 인간을 우월하게 본다는 사실에 대해 싱어가 수행하는 실제적이고 역사적인 원인분석이 어느 정도로 적절한지에 대한 물음은 여전히 제기되고 있다. 이전과 마찬가지로 오늘날에도 도덕적 근거(신적 지성에 대한 참여와 그것을 실현하려는 목적원인)와 인식적 기준(겉으로 보이는 종적 귀속성)을 구별하지 못하는 일상적 지성에게 그것은 여전히 문제가 될 수 있다. 싱어의 종차별주의 비판은 이러한 일상적 인간중심주의에 대립하여 철저하게 체계적인 입장을 제시하고, 이미 언급한 것처럼 스토아학파의 로고스 중심주의 및 기독교적 신중심주의에서 유래한 스토아 및 기독교의 인간중심주의가 계승되고 있음을 역사적으로 증명하는 것이다. 동시에 체계적인 기획으로 제시된 싱어의 분석은 그러한 계승을 신학과 철학의 역사 속에서 반박하고 있다.

19세기에 이르기까지 '인간'은 단순히 생물학적 생명체가 아니라 인간성Humanität으로 규정되는 생명체로서 특징지어졌으며, 그 본질은 형이상학적으로, 신학적으로 또는 자연철학적으로 정초되었다. 이것은 정당하게 다음과 같이 언급된다. "인간의 특별한 도덕적 위상은 …… 윤리학의 역사에서 신과의 동형성, 인격성, 행위능력, 이성능력 또는 소통능력을 통해 또는 인간의 특별한 역사적 목적론의 위상에서 그 근거를 갖는다."[54] 따라서 인간은 조야한 생물학적 종에 귀속되어서는 안 된다. 왜냐하면 어떤 생물학적 종에 귀속된다는 사실이 사실상 도덕적 관심 또는 무관심을 위한 근거가 될 수는 없기 때문이다. 반면 누군가 동물을 보고 "이것은 분명 한갓 동물일 뿐이야!"라고 말했다고 하자. 이렇게 주장하는 사람은 하나의 사태연관에 관한 기술—"그것은 호모 사피엔스라는 인간 종의 구성원이 아니다"—로부터 **도덕적 근거제시도 없이** 도덕적 당위의 요구—"이 존재는 도덕적으로 무시되어야 한다!"—로 넘어가는 것에 대해 흄이 금지한 것을 정면으로 위배하고 있는 것이다.

싱어의 공헌은 철학적 자기계몽을 위해 '종차별주의'라는 새로운 개념을 가지고 일상적 인간중심주의를 중단시키고, 평등한 이익고려라는 도덕적 이념의 권리요구 아래 인간과 동물의 관계를 수립한 것이다. 그러나 윤리학의 전통 전체를 종차별주의적 논증 아래 놓는 것은 부적절하며, 윤리학의 역사에서—특히 잘못된 평등이념으로 향하도록 만들었던 윤리학에서—'비이성적 동물'을 계속해서 배제해 온 것에 대한 정확한

---

54  L2: 435.

원인분석을 오히려 흐리게 만들 수 있다. 그 외에도 영어권에서 자주 사용되는 '생명의 신성함'이라는 표현에서 확인되는 인간의 특별한 위상에 반대하기 위해 싱어가 논쟁에 유입한 개념[종차별주의]은 윤리적으로 의문시될 수 있다. 왜냐하면 그러한 개념은 생명의 기본권을 훼손할 수 있기 때문이다.

싱어는 '종차별주의'라는 개념을 만든 사람은 아니다. 그는 단지 그 개념을 대중화했을 뿐이다. 그 개념은 '인종주의Rassismus'와 대비되는 것으로서 1969년에 영국의 실험심리학자 리처드 라이더에 의해 만들어졌다. 그 개념은 인간의 특별한 위상을 통해 정당화되는 동물의 차별대우와 착취에 반대하기 위한 것이었다. '종차별주의'의 의미에 담긴 내용 분석과 관련된 논쟁을 싱어는 이미 라이더로부터 물려받았다. 『동물, 인간 그리고 도덕』[55], 『과학의 희생명체』[56], 『동물의 방어』[57]에서 라이더는 동물 실험실에서 요구되는 동물실험 규성에 대한 놀랄 만한 지침을 제공했다. 그는 한때 영국에서 1824년에 설립된 세계에서 가장 오래된 동물보호 단체, '동물에 대한 잔혹성 방지를 위한 왕립학회Royal Society for the Prevention of Cruelty to Animals'에서 '동물실험 자문위원회'의 위원장을 맡았다. 『고통주의』[58]에서 제시하고 있는 것처럼 그는 '공리주의자' 싱어

---

55  Animals, Men, and Morals, 1972.
56  Animals, Men, and Morals, 1972.
57  In Defence of Animals, 1985.
58  Painism, 2001.

와 '권리 이론가' 리건 사이에 있는 '고통주의자Painist'로서 자신의 입장을 정한다. 라이더는 한편으로 리건의 '내재적 가치'를 형이상학적인 것으로 거부하고, 다른 한편으로 개별적인 고통은 합산 또는 계산할 수 없기 때문에 싱어의 공리주의도 거부한다. 이처럼 자연과학자 라이더는 생물학적 종 개념과 연관된 자신의 이론을 철학적 논의의 장에 옮겨놓음으로써 많은 시사점을 주었다.

"그럼에도 불구하고 인간은 분명 유인원 계열의 한 종이다." 이 말은 자신의 저작들을 통해 일관되게 보여주려고 했던 라이더의 이론적 출발점이다.[59] 라이더는 다윈의 진화론을 통해 동물과 인간의 본질적이며 생물학적인 차이를 부각시킨다. '종'은 정밀하게 정의된 개념이 아니다. "소위 종들을 구별하는 단일적 기준이란 사실상 없다." 이것은 다양한 종의 구성원들 사이에서, 예컨대 사자와 호랑이 사이 또는 유인원들 사이에서 잡종출산의 생물학적 가능성을 통해 증명된다. 심지어 생물학 교수와 유인원의 가설적인 교배도 연구된다. 라이더는 '유명론적' 종 개념을 강조한다. 이에 따르면 '종'은 자의적인 협정을 매개로 실용적인 분류를 위해 이름을 붙여 구별된 것이다. 특히 에른스트 마이어Ernst Mayr와 같은 '생물학적' 종 개념의 대표자들은 이것을 거부할 수도 있다. 그렇게 될 경우에 종의 이름은 자의적이고 우연적일 수 있으며, 분류법은 자연적 기초를 가지지 않을 수 있기 때문이다.

---

59   Godlovitch et. al. 1972, 80; Ryder 2001, 45.

그러나 라이더가 주장하는 것처럼 진화론적 연속성이 생물학적으로 확정되는 종의 구별을 허용하지 않고, '소위 종이라고 불리는 것'의 다양한 실재적 또는 가설적 교배가 경험적으로 가능하다면 어떻게 될 것인가? 이런 점에서 라이더는 실천적이고 윤리적인 의도를 가지고 다음과 묻는다. "왜 우리는 여전히 거의 완전한 구별을 도덕적으로 실행하고 있는가?"[60] 죄 없는 다른 피부색의 인간을 차별하는 것이 도덕적으로 잘못된 것이라면 이것은 '죄 없는 다른 종의 개체'와의 관계에서도 타당해야 한다고 라이더는 주장한다. 그는 인종주의와 종차별주의를 같은 것으로 보고 있다. 잔혹성의 금지를 고유한 종, 즉 전체 인류에 대해서만 연결시키는 사람은 그 근거를 제시해야 하며, 인간 종이 생물학적으로 다른 동물과 완전히 구별된다는 것을 보여주어야 한다. 그래야 그것을 기초로 윤리적 주장을 개진할 수 있다. 명백하게 라이더는 흄의 존재당위의 오류를 범한다. 왜냐하면 모든 생물학적 종 개념의 윤리적 중요성에 이의를 제기하고, 그 대신에 개체의 실제적인 이익으로 놀아가는 싱어와는 반대로, 라이더는 종적 차이의 부당성을 위한 도덕적 근거를 얻기 위해 최종적으로는 유명론적 종개념과 긍정적인 관련을 맺고 있기 때문이다.

사람들이 흄의 판단을 위반함에도 불구하고 생물학적 종개념의 이론적 논란에 직면하여 시험적으로 라이더의 자연주의적 논증을 받아들일 때조차 문제는 남는다. 감정주의 또는 '고통주의'를 위한 이러한 논증의

---

60  Godlovitch et al. 1972, 80.

단초를 가지고 우리는 무엇을 할 수 있는가? 모든 고등동물 중에서 고통의 능력을 가진 개체에게만 도덕적 지위가 부여된다면 진화론적 연속성을 배경으로 하는 감각능력의 소환도 마찬가지로 자의적인 것이 아닌가? 라이더의 '고통주의'가 '종차별주의'와 유사하게 겉으로 드러나지 않는 집단의 특정한 '자연적' 속성을 비판받아야 할 본질주의적 종의 수준으로 고양하는 것은 단지 자의적인 것이 아닌가? 게다가 연속적인 진화에 직면하고 있는 유명론적 종 개념에 근거하여 이끌어낸 자연주의를 모든 자연적 존재의 윤리적 평등주의 안에 유입할 필요는 없지 않은가? 동시에 종 개념을 윤리적 논증으로 사용하려는 논쟁적 시도는 결과적으로 이론적이고 실천적인 철학에서 제시되는 차이의 모든 형식을 파괴하고 만다.

리처드 도킨슨도 다윈의 진화론을 통해 종차별주의적 정언명령을 따르는 인간, 본래 '아프리카 유인원'과 다르지 않은—재러드 다이아몬드 Jared Diamond가 그의 인간분류에서 '제3의 침팬지'라고 말한—인간의 '머릿속에 있는 장애물'을 철거하고 싶어 했다.[61] 인간과 동물 사이에 뚜렷한 자연사적 근친성, 그리고 유원인의 유전자와 비교하여 좋다고 여겨지는 1%의 '장점'에 대한 논증은 종차별주의를 비판한다는 의미에서 인간의 특별한 도덕적 위상을 자연주의적으로 상대화시키는 데 일조하였다. 그로 인해 윤리학은 경험적 생물학으로 환원된다. 그런 의미에서 제임스

---

61  둘 다 다음의 책에 나온다. Cavalieri/Singer 1994.

레이첼즈James Rachels도 『다윈주의의 도덕적 함의』[62]에서 체계적인 논증을 시도했다. 그 외에도 생물학적으로 논증하는 윤리학자와 철학하는 생물학자에 의해 결성된 동맹은 종차별주의에 대한 다양한 관점을 복합적으로 연결할 수 있는 계기를 부여했다. 이러한 사실은 언어철학적 분석을 통해서도 확인된다. 한편으로 1인칭적 행위자는 환원할 수 없는 행위의 책임을 지는 '개별자'로서, 다른 한편으로 3인칭으로 기술될 수 있는 '표본'으로서 인간은 자연과학적 태도에서 하나의 종으로 주제화된다.[63]

---

62    The Moral Implications of Darwinism, 1990.

63    Gethmann 1998.

# 동물은 무엇을 희망해도 좋은가?

동물은 무엇을 희망해도 좋은가? 이러한 고전적인 종교철학적 물음은 동물을 내세의 구원에 포함시키는 문제와 관련된 논의로 이끈다. 사실상 동물의 초월적 능력도 형이상학과 기독교 신학의 역사에서 진지하게 다루어졌다. 그럼에도 불구하고 이에 대한 대답은 2000년 동안 대부분 부정적으로 끝을 맺었다. 이미 아폴로니아의 디오게네스는 동물에게는 하늘을 향하는 시선이 결여되어 있기 때문에 직립보행을 하는 인간이야말로 유일하게 철학적 동물이며, 신을 믿는 동물이라는 결론을 내린 바 있었다. 지상을 향해 구부리고 있는 동물의 형태에 대해 말하는 그리스 철학을 기독교 신학이 전수하면서 내린 최종적 결론은 다음과 같다. 동물에게는 이미 형태적으로 신적인 것을 위한 감각이 결여되어 있다. 그렇다면 신도 개별적인 동물을 배려할 필요가 없다. 따라서 동물에게는 이 땅에서의 희망만이 있다. 그렇다면 그것은 어떤 희망인가?

근대에서 주체로의 전환이 이루어진 이후에 동물의 희망은—정신에 대한 분석과 언어철학이 인정하고 있는 한에서—인간을 향해 있을 때에만 성립될 수 있다. 동물이 기대할 수 있는 희망은 도덕적 배려를 전제한다. 이것은 '인간'이 이론적 관점이 아니라 도덕적 관점에서 도덕적 인격으로서, 즉 단순히 동물 중의 하나가 아니라 책임주체로서 자신의 정체성을 확인할 때 성립한다.

철학적으로 "누가 우리와 같은 자인가?"라는 이론적 평등에 대한 물음과 관련된 논의는 상당히 있었다. 사람들은 인간과 동물에 대한 상해에 대해서도 똑같이 동물과 인간 사이의 주지주의적 차이를 고집하기 마련이다. 그러나 앞의 물음은 경험적 공통성의 발견과 통합적 생명윤리학의 완성을 위한 중요한 논거를 제공하는 유추적 해석의 기회를 포함한다. 예컨대 경험적으로 확증할 수 있는 신경체계, 해부학적이고 심리학적인 구조의 유사성, 나아가 형태학적이고 조직학적이며 발생적인 구조의 유사성에 기인하고 있는 인간과 고등동물의 상해 및 조작에 대한 비교 가능성을 누가 부정할 수 있겠는가? 이러한 유사성은 수천 년 전부터 동물실험에서 의학과 생물학의 인식 확장을 위해 이용되어 왔다. 그렇지만 이러한 사실을 인정하는 데에는 인간과 동물의 상해 가능성과 연관하여 보호하고 회복시키는 책임윤리적 가능성도 놓여있다. 그런 점에서 이론적인 평등에 대한 물음에 담긴 양면적 가능성은 계속 확대되어야 한다.

그러나 도덕철학적 관점에서 평등에 대한 물음은 막다른 길에 봉착했다. 인간이 동물 중의 하나 이외에 다른 것이 아닌 것으로 존재하길 원한다면 그는 도덕적 주체성의 특수성을 거부하는 것이다. 배타적인 도덕적 주체가 더 이상 없다면 여전히 동물의 희망은 누구로 향하고 있어야 하는가? 자연주의적 평준화를 통해 인간을 동물로 여기고 난 후에 누가 윤리적 책임을 떠맡을 수 있는가? 따라서 동물의 희망을 위한 기회는 인간의 지위를 긍정하면서도 인간만이 아니라 '동물도' 진지하게 법적 체계에 포함시키는 '확장하는 인도주의expendierender Humanismus'[1]를 표방하는 이 땅의 정치적 유토피아에 놓여 있다.[2] 주권자의 특권을 누리는 자는 그와 연관된 책임을 져야 한다. 그러므로 동물의 모든 희망은 인간의 인간성에 놓여 있다.

---

1 Ingensiep 2006.
2 Art. 20a Grundgesetz.

부록

주요 개념
동물에 관한 철학사

## 주요개념

### 의인관(Anthropomorphismus)

근원적으로 신들을 인간화하는 입장을 나타낸다. 인간적인 표상 또는 원망을 동물에 투사하는 동물심리학에 대한 행동주의의 비판과 연관된다.

### 인간적 감정이입(Anthropopathie)

인간이 아닌 존재에게 감각, 느낌 또는 감정을 전이하는 인간의 능력을 말한다.

### 인간중심주의(Anthropozentrismus)

인간이 유일하게—예를 들면 이성적 동물로서—자연의 중심이 되는 세계관이다. 전적으로 이성적 근거만을 받아들이는—예를 들면 윤리학에서—'이성주의Ratiozentrismus'와 혼동해서는 안 된다.

## 독립영양(Autotrophie)

다른 유기체를 필요로 하지 않고 예컨대 광합성을 하는 고등식물처럼 스스로 영양을 공급하는 유기체의 능력이다.

## 행동주의(Behaviorismus)

20세기에 행동연구에서 성립된 사조로서 동물의 자극-반응 과정에 대해 증명이 가능한 관찰과 기술만을 방법적으로 정당한 것으로 여긴다. 예컨대 "스키너 상자"와 같은 것이 있다.

## 생명철학(Biophilosophie)

생물학과 유기체에 대해 철학에서 제시되는 다양한 입장을 종합하는 개념이다.

## 데가르드주의(Cartesianismus)

동물윤리학에서 동물이 의식과 감각이 없는 자동기계라고 여기는 데카르트의 이론에 근거하고 있으며, 넓은 의미에서 인간 정신의 특별한 위상을 이원론적으로 정당화하는 이론이다.

## 의무론(Deontologie)

윤리적 당위론 및 의무에 대한 이론이다. 동물윤리학에서 무엇보다 동물에 대해 직접적 의무(리건)가 있는지 또는 간접적 의무(칸트)만이 있는지에 대한 논의에서 다루어진다.

### 이중적 측면(Doppelaspektivität)

'입지성' 개념을 따르는 생명현상학을 통해 유기체를 이원론적으로 보는 관점을 방법적으로 극복하기 위한 플레스너의 개념이다.

### 완성태(Entelechie)

자연적 존재가 자기 자신 안에 목적을 가진다고 주장하는 아리스토텔레스의 자연철학에서 나오는 개념이다.

### 본질주의(Essentialismus)

생명철학에서 인간, 동물, 식물에 속해 있는 분명한 본질적 성격을 교조적으로 기술하는 입장이다.

### 기능회로(Funktionskreis)

동물주체가 자신의 환경세계(자기세계)에 주체적으로 편입되어 있는 기능적 연관을 표현하는 야콥 폰 윅스퀼의 전문용어이다.

### 종속영양(Heterotrophie)

다른 유기체만을 먹이로 하는 유기체의 특징을 나타낸다. 식물을 먹이로 하는 고등동물이 그 예이다.

### 서열(Hierarchie)

성립된 존재 또는 가치의 질서를 상정하는 고전적 개념이다. 예컨대 아리스토텔레스의 영혼 단계론이 있다. 이에 따르면 식물, 동물, 인간은 영혼의 완전성에 따르는 정도에서 서열적 도식을 갖는다. 이것은 인간중심적인 사용질서, 즉 인간을 위해 식물과 동물이 있다고 하는 목적론적 정당성을 부여한다.

### 형상화(Ideation)

개별적인 사례로부터 본질적 통찰, 예를 들어 동물에 대한 본질적 규정(예를 들면, 감각)이 함께 파악된다고 여기는 현상학(후설)과 연관된 방법적 용어이다.

### 본능(Instinkt)

스토아학파의 동물철학에서 만들어진 것으로 자연적이고 선천적인 능력을 일컫지만, 오늘날 자주 비학문적인 것으로 비판받는 개념이다. 이 개념은 동물의 선천석인 행농결정과 인간행위의 자유를 구별하기 위해 일상적 언어 및 학문에서 사용된다.

### 지향성(Intentionalität)

방향성을 가진 사고 또는 의도를 가지는 주관적 능력을 일컫는 의식의 형태이다.

### 이익(Interesse)

동물윤리학에서 동물에게 속하는 이익, 그리고 이를 넘어 도덕적인 지위를 보장하기 위해 사용되는 핵심개념으로서 정의에 따라 다르게 사용된다. 약한 이익은 흔히 무의식적인 이익(Y는 X의 이익 속에 존재한다)과 의식적 이익(X는 Y에 대한 이익을 가진다)의 의미에서 강한 이익과 구별된다.

### 내적 성찰(Introspektion)

자기 자신을 들여다보는 것In-sich-Hineinseheh으로서 현상(예, 감각질)을 인식하기 위해 그것에 대한 내적이고 심리적인 자기관찰을 할 수 있는 능력이다.

### 영리한 한스 효과(Kluge Hans – Effekt)

동물의 '지능' 또는 '언어'를 위조 및 기만하게 만드는 실험자와 동물 사이에서 일어나는 의도하지 않은 무의식적 상호작용을 나타낸다. 이 효과는 특히 '원숭이 언어'(세벅)와 연관하여 비판적으로 수용되었다.

### 동정윤리학(Mitleidsethik)

특히 이성이 아닌 동정同情으로 출발하는 쇼펜하우어와 연관된 동물윤리학이다.

### 도덕적 행위자 / 도덕적 무능력자(Moral agent / patient)

윤리적 행위자와 그 행위와 관련된 존재를 구별하기 위해 통용되는 영어권의 표현(리건)이다.

## 도덕적 지위(Moralischer Status)

윤리적 중요성을 감각능력과 같은 경험적 속성과 연결하는 동물윤리학 및 생명윤리학에서 통용되는 영어권의 용어이다.

## 오이케이오시스(Oikeiosis)

스토아학파의 자연철학에서 나온 이론이다. 이에 따르면 경험적 능력을 가진 생명체는 자신과 연관된 자연적 섭리에 "친숙"하다. 다시 말해, 자기보존과 종의 보존을 위한 자연적 본능을 통해 인도된다.

## 유기체(Organismus)

아리스토텔레스의 고찰에 따르면, 영혼의 목적을 실현하기 위한 신체와 영혼의 전체성을 나타낸다. 여기에서 신체는 도구이다. 현대 생물학에 따르면, 진화적으로 적용된 기능의 통일성이다.

## 1인칭적 관점 / 3인칭적 관점(Perspektive der ersten / dritten Person)

내적 관점(나) 또는 외적 관점(그, 그녀, 그것)에서 사태를 기술하는 방식에 대한 표현이다. 동물심리학에서 '자기현상학'과 '타자현상학'(데넷)의 물음과 연관하여 중요하게 다루어진다.

## 선호공리주의(Präferenzutilitarismus)

미래의식을 가진 존재는 특별한 윤리적 배려를 받아야 한다고 여기는 공리주의적 입장(싱어)이다.

### 감각질(Qualia)

1인칭 관점에서만 직접 접근할 수 있고, 네이글에 따르면 환원할 수 없는 주체의 속성으로서 빨간색을 보는 것에서 획득되는 것과 같은 인간과 동물에서의 현상적 의식내용이다.

### 자연의 스칼라(Scala naturae)

근대 자연철학적 사상의 개념(보네)으로서 선형적으로 고양되는 사다리(광물, 식물, 동물, 인간)를 상정하는 자연의 단계적 질서를 나타내는 용어이다.

### 감정주의(Sentientismus)

기쁨과 고통의 감각을 동물의 도덕적 지위를 위한 필요조건 및 충분조건으로 증명하는 영어권의 동물윤리학(라이더)에서 등장하는 입장이다.

### 종차별주의(Speziesismus)

1969년에 라이더에 의해 인종주의 개념과 대비하여 만들어진 용어로서 싱어에 의해 동물윤리를 위한 투쟁적 개념으로 사용되었다. 이에 따르면 인간은 단순히 인간 종의 귀속성을 가지고 특별한 위상과 정당화되지 않은 이익을 자신을 위해 정당화한다.

### 목적론(Teleologie)

모든 생명체의 목적, 목표, 의미에 대한 자연철학적 이론을 일컫는다. 이

이론은 내적인(수평적인) 목적론과 외적인(수직적인) 목적론으로 구별된다. 전자는 모든 생명체가 완성태(식물, 동물, 인간)에 이르기까지 자신을 스스로 산출한다고 여기며, 후자는 존재목적이 각기 고차적 존재(신 또는 인간)와 연결되어 있다고 여긴다. 이에 따라 동물의 존재목적은 사용서열에서 인간을 위한 것으로 정당화된다. 이와 구별되는 것이 의무론(의무의 윤리학)의 대립개념으로서 결과윤리학의 의미에서 사용되는 목적론의 개념이다.

### 목적법칙(Teleonomie)

유기체의 특수성을 설명하는 현대 생명철학의 전문용어이다. 마이어에 따르면 유기체가 가진 목적의 법칙성은 폐쇄된 또는 개방된 발생적 프로그램을 통해 규정된다.

### 정신이론(Theory of Mind)

특히 동물과 연관하여 '정신이론'을 다루는 분석철학적 개념이다. 동물이 "그들이 알고 있는 것을 아는가"의 여부에 대한 문제에 초점이 맞추어진다(Cheney / Seyfarth).

### 굴성(Tropismen)

외부에서 야기되는 식물의 운동방식(예, 굴광성)이다. 이것은 동물의 행동을 순수하게 '기계적으로'(다시 말해, 여기에서는 영혼 없이 생리학적으로) 설명하기 위한 방식으로 동물에게도 적용된다(러브).

**공리주의(Utilitarismus)**

벤담과 밀에 의해 정초된 이론이다. 이에 따르면 개인적 행위 또는 규칙의 일반적인 쓸모와 결과만이 윤리적으로 중요한 것이다.

# 동물에 관한 철학사

## 고대

아리스토텔레스BC 384 ~ BC322는 그 이전에 누구도 하지 않았던 서양의 동물이론을 제시한 철학자이다. 그는 『영혼에 관하여De anima』에서 영혼을 유기체적 신체의 생명운동 원리로 규정하고, 영혼의 능력에 따르는 서열이론을 발전시켰다. 이 서열에서 지각능력과 감각능력을 가진 동물은 감각이 없는 식물과 감각능력과 사고능력을 가진 인간 사이에 놓인다. 이러한 영혼의 서열적 단계질서는 19세기에 이르기까지 자연법 이론에 영향을 주었다.

스토아학자는 아리스토텔레스의 영혼론을 오이케이오시스Oikeiosis 이론으로 발전시켰다. 이 이론은 콘라트 로렌츠에 이르기까지 동물의 종적 본능이론을 위한 맹아가 되었다.

자유롭고 평등한 이성적 존재들 사이에서 이루어지는 균형적 관계를 기본모델로 여기는 고대의 대표적인 철학적 윤리학—아리스토 텔레스, 스토아학파의 자연법적 윤리학, 에피쿠로스BC 341~ BC 270의 계약윤리학—에서 동물은 배제되어 왔다. 특히 스토아학파의 인간중심주의는 동물의 이성에 대한 철학적 논쟁을 불러일으켰다. 구약성서를 배경으로 초기 유대학자에 의해 제기된 동물에 대한 동정 및 자비와 같은 감정은 그리스와 헬레니즘에서 강조되는 주지주의적 관점의 비판을 받았으며, 긍정적으로는 덕론을 통해 타락논증의 형식으로 통합되었다.

## 중세

스토아학파의 인간중심주의는 아우구스티누스354~430에 의해 로마시대의 인간·동물의 관계로 계속해서 전달되었다. 반면 인간중심적 사상은 아리스토텔레스의 인식능력과 연관된 심리학을 수용하고 자연법을 신중심의 관점에서 중세적 질서에 연결한 토마스 아퀴나스1224~1274에 의해 약화되었다. 이를 통해 동물은 감각능력을 가진 생명체, 신의 피조물로 인식되었다. 그러나 이와 연관하여 제시할 만한 윤리적 결과는 나오지 않았다. 오히려 아리스토텔레스의 윤리학에 담긴 주지주의적 평등이념이 여전히 지배적이었다.

# 근대

르네 데카르트1596~1650는 스토아학파의 본능이론을 근본적으로 동물 자동기계론으로 변화시켰다. '무이성적' 동물은 영혼이 없는 신적인 자동 기계로 이해되었다. 데카르트의 동물 자동기계론은 17, 18세기에 동물실 험에 대한 논의에 영향을 미쳤으며, 현대 정신철학에서 다시 부활하였다.

존 로크1632~1704는 데카르트에 반대하고 아리스토텔레스를 다시 끌어 들여 백지인식론Tabula–rasa–Epistemologie을 발전시켰다. 이성주의에 대한 로크의 회의는 동물을 감각적 경험적 존재로서 인간에 가까운 존재로 여 기게 했다. 데카르트 이후의 유물론과 연결된 그의 감각주의적 경험주의 는 동물에 대한 학습이론 및 행동주의 이론의 구상을 가능하게 했다. 감 각에 대한 인식론적 평가절상을 통해 느낌에 대한 도덕철학적 평가절상 이 영어권의 도덕 – 감 – 철학Moral–sense–Philosophie에 유입되었다.

데이비드 흄1711~1776의 공감이론에서 고대의 우주론적 공감원리는 개 인적 행위를 주도하는 동정의 느낌으로 변형되었다. 이러한 배경에서 실 천적인 인간·동물의 관계를 위한 성경적 의미의 자비가 도덕적 논증의 힘을 얻게 되었다. 계몽적일 뿐만 아니라 혁명적이기도 했던 이러한 동 기는 18세기에 심도 있는 동물권 논쟁을 확산시켰다. 그 결과 근대 자연 법은 스토아학파의 자연법과 달리 "동물을 배려하는 인간의 의무"를 위 한 것으로 개방되었고, 결국 세속화된 형식으로 칸트의 덕론에 영향을 끼쳤다.

## 19세기에서 현재까지

19세기에 먼저 자연법과 신법에 근거한 의무론은 종교개혁이 일어난 국가에서 동물보호운동을 불러일으켰다. 1900년경 독일어권의 동물보호운동은 반유대적 논쟁을 담고 있는 아르투르 쇼펜하우어1788~1860의 동정윤리학을 수용했다. 생명의 외경을 강조하는 알버트 슈바이처1875~1965의 윤리학도 쇼펜하우어의 동정윤리학에서 영감을 받았다. 그러나 슈바이처는 동물에 대한 구약적 유대교적 자비의 전통도 인정했다. 이에 대해 영어권의 동물보호운동에서는 피터 싱어1946~현재의 주도 아래 1970년대부터 영국과 미국에서 새로운 동물권 및 동물해방 운동을 다시 접목시킨 동물권 사상이 지배하고 있다. "그들[동물]은 고통을 느낄 수 있는가?"라는 제러미 벤담1748~1832의 유명한 물음에 근거한 감정중심적 공리주의가 영어권 동물윤리학의 지배적인 이론이 되었다.

찰스 다윈1809~1882의 진화론은 동물윤리학의 논쟁에 점차적으로 영향을 주었다. 지배적인 새로운 세계관으로서 이 이론은 동물과 인간의 상을 한편으로는 서열적 목적론적 자연질서에 대한 문제제기를 통해, 다른 한편으로는 인간상의 자연화를 통해 변화시켰다. 이를 통해 '종차별주의'라는 새로운 핵심개념이 동물윤리학과 생명의료 윤리의 논의에 닻을 내리게 되었다.

다윈에 의해 자연과학에서 유입된 탈목적론은 1900년부터 동물의 행동에 관한 기술에서 명확한 개념을 확보하려는 강력한 시도와 연결되었다. 야콥 폰 윅스퀼1864~1944에 의해 기획된 동물주체성에 대한 객관적 이해의 시도 및 현상학은 주체로서의 동물을 둘러싼 논쟁을 자극했다. 헬무트 플레스너1892~1985와 한스 요나스1903~1993가 그 대표적 인물이다.

정신철학 및 현상학과 마찬가지로 분석철학의 논의에서도 동물은 이제 간과할 수 없는 지속적인 부가적 주제로 다루어지고 있다. 이와 연관하여 「박쥐로 존재한다는 것은 어떻게 있는 것인가?」1974라는 토머스 네이글의 논문에서 은연중에 제시되고 있듯이 인간의 특별한 소질에 대한 해명이 논의되고 있다.

## 참고문헌

### 〈고전문헌, 전집, 재판 = W〉

W1: Antoine Le Grand: Dissertatio de carentia sensus et cognitionis in brutis. London 1675. A Dissertation of the Want of Sense and Knowledge in Brutes. Ubers, v. R. Biome in: An Entire Body of Philosophy According to the Principles of the Famous Renate Des Cartes in Three Books by Antoine Le Grand. London 1694, Johnson Reprint Corporation, New York, London 1972.

W2: Aristoteles: Nikomachische Ethik. Ubers, u. Nachwort v. F. Dirlmeier. Stuttgart 1990.

W3: Pierre Bayle: Historisches und critisches Wörterbuch. 4 Bde. Rotterdam 1695–1697. Übers, v. J. C. Gottsched, Leipzig 1741 bis 1744. Repr. Hildesheim/New York 1978.

W4: Marcus Tullius Cicero: Vom Wesen der Gotter (De natura deorum). Nach der Ausgabe von Johann Hermann von Kirchmann bearbeitet von H.-J. Steffen. Bibliothek der Philosophic. Bd. 16. Essen o. J.

W5: Christian Adam Dann, Albert Knapp: Wider die Tierqualerei. Frühe Aufrufe zum Tierschutz aus dem württembergischen Pietismus. Hg. v. M. H. Jung. Leipzig 2002. Reihe: Kleine Texte des Pietismus (KTP). Bd. 7.

W6: René Descartes: Abhandlung über die Methode des richtigen Vernunftgebrauchs. Stuttgart 2002.

W7: Wilhelm Dietier: Gerechtigkeit gegen Thiere. Appell von 1787. Repr. Bad Nauheim 1997.

W8: Diogenes Laertius: Leben und Meinungen berühmter Philosophen. Philosophische Bibliothek. Bd. 53/54. Hamburg 21967.

W9: Johann Wolfgang Goethe: Sämtliche Werke. Münchner Ausgabe. München 1991.

W10: Lewis Gompertz: Moral Inquiries on the Situation of Man and of Brutes. Hg. v. P. Singer. Fontwell, Sussex 1992.

W11: Thomas Hobbes: Vom Menschen. Vom Bürger (Elemente der Philosophie II/III). Eingel. u. hg. v. G. Gawlick. Philosophische Bibliothek. Bd. 158. Hamburg 1959.

W12: David Hume: Ein Traktat über die menschliche Natur. Buch II und III. Über die Affekte.

Über Moral. Übers, v. Th. Lipps. Philosophische Bibliothek. Bd. 283b. Hamburg 1978.

W13: David Hume: Eine Untersuchung über die Prinzipien der Moral. Übers., eingel. u. hg. v.
M. Kühn. Philosophische Bibliothek. Bd. 511. Hamburg 2003.

W14: Kants Gesammelte Schriften. Hg. v. der Königlich Preußischen Akademie der
Wissenschaften. Berlin 1902 f. (zit. mit röm. Bd.–Nr.).

W15: Immanuel Kant. Vorlesung zur Moralphilosophie. Hg. v. W. Stark. Berlin 2004.

W16: Oskar Pfungst: Das Pferd des Herrn von Osten (Der kluge Hans). Ein Beitrag zur
experimentellen Tier– und MenschenPsychologie. Leipzig 1907. Repr.: Der Kluge Hans.
Ein Beitrag zur nicht–verbalen Kommunikation 21977, 31983.

W17: Humphrey Primatt: The Duty of Mercy and the Sin of Cruelty to Brute Animals. Hg. v. R.
D. Ryder. Fontwell, Sussex 1992.

W18: Henry S. Salt: Die Rechte der Tiere. Übers, v. G. Krüger. Berlin 1907.

W19: Arthur Schopenhauer. Sämtliche Werke. Nach der ersten von Julius
Frauenstadt besorgten Gesamtausgabe neu bearb. u. hg. v. A. Hübscher. Leipzig 1939.

W20: Albert Schweitzer: Kultur und Ethik. Kulturphilosophie. Zweiter Teil. In: Gesammelte
Werke. Bd. II. Hg. v. R. Grabs. München 1974.

W21: Thomas von Aquin: Summa Theologica. Die deutsche Thomas–Ausgabe in 36 Bänden.
Lat.–dt. Hg. v. Albertus–MagnusAkademie. Heidelberg/Graz/Wien/ Koln 1933 f.

## 〈주석이 달린 원전 모음집 – L〉

LI: Baranzke, Heike: Art. »Tierethik«. In: Handbuch Ethik. Hg. v. M. Düwell, M. H. Werner, C.
Hübenthal. Stuttgart 22006, 288–292.

L2: Düwell, Marcus: Art. »Moralischer Status«. In: Handbuch Ethik. Hg. v. M. Düwell, M. H.
Werner, C. Hübenthal. Stuttgart 22006, 434–439.

L3: Goetschel, Antoine F.; Gieri Bolliger: Das Tier im Recht. 99 Facetten der Mensch–Tier–
Beziehung von A bis Z. Zurich 2003.

L4: Historisches Wörterbuch der Philosophie (HWP). 12 Bde. Hg. v. J. Ritter, K. Günter,
Basel/Stuttgart 1971 f.

L5: Lexikon der Bioethik. 3 Bde. Hg. v. W. Korff u. a., Gütersloh 2000.

L6: Nida–Rüimelin, Julian; Dietmar von der Pfordten: Tierethik I und II. In: Julian Nida–
Rüimelin(Hg.): Angewandte Ethik. Die Bereichsethiken und ihre theoretische Fundierung.
Stuttgart 1996, 458–509.

L7: Teutsch, Gotthard M.: Lexikon der Tierschutzethik. Göttingen 1987.

L8: Warren, Mary Anne: Art. 32: »Moral Status«. In: R. G. Frey, C. H. Wellman (Hg.): A Companion to Applied Ethics. Malden, MA/Oxford, UK/Berlin 2003, 439–450.


⟨인용한 원전 모음집 = Q⟩


Q1: Baranzke, Heike; Franz–Theo Gottwald; Hans Werner Ingensiep (Hg.): Leben – Toten – Essen. Anthropologische Dimensionen. Stuttgart/Leipzig 2000. (Ausf. eingel. Textauszüge von der Antike bis zur Gegenwart.)

Q2: Birnbacher, Dieter (Hg.): Ökologie und Ethik. Stuttgart 1980. (Vorwiegend zeitgenössische klassische Artikel anglophoner Philosophen in dt. Übersetzung.)

Q3: Bondolfi, Alberto: Mensch und Tier. Ethische Dimensionen ihres Verhältnisses. Freiburg, Schweiz 1994. (Textauszüge und Artikel von der Antike bis zur Gegenwart.)

Q4: Ferry, Luc; Claudine Germé: Des Animaux et des hommes. Anthologie des textes remarquables, Merits sur le sujet, du XVe sidcle a nos jours. Paris 1994. (Vielzahl neuzeitlicher Texte zu »Tierseele«, »Tierethik«, »Tierprozessen«, »Tierrechten« und »Tierschutzgesetzgebung«, vornehmlich der französischen Tradition.)

Q5: Krebs, Angelika (Hg.): Naturethik. Grundtexte der gegenwartigen tier– und ökoethischen Diskussion. Frankfurt am Main 1997. (Vorwiegend zeitgenössische klassische Artikel anglophoner Philosophen in dt. Übersetzung)

Q6: Linnemann, Manuela (Hg.): Bruder, Bestien, Automaten. Das Tier im abendländischen Denken. Erlangen 2000. (Textauszüge von der Antike bis zur Gegenwart sowie Lit.)

Q7: Perler, Dominik; Markus WM (Hg.): Der Geist der Tiere. Philosophische Texte zu einer aktuellen Diskussion. Frankfurt am Main 2005. (Vorwiegend klassische Artikel aus der anglophonen sprachanalytischen und geistesphilosophischen Debatte in dt. Übersetzung.)

Q8: Schütt, Hans–Peter (Hg.): Die Vernunft der Tiere. Frankfurt am Main 1990. (Textauszüge von Platon bis Schopenhauer.)


⟨인용한 다른 문헌⟩


Ach, Johann S.: Warum man Lassie nicht quälen darf. Tierversuche und moralischer Individualismus. Erlangen 1999.

Altner, Günter; Ludwig Frambach; Franz–Theo Gottwald und Manuel Schneider (Hg.): Leben inmitten von Leben. Die Aktualität der Ethik Albert Schweitzers. Stuttgart/Leipzig 2005.

Altner, Günter: Naturvergessenheit. Grundlagen einer umfassenden Bioethik. Darmstadt 1991.

Asemissen, Ulrich: Helmuth Plessner: Die exzentrische Position des Menschen. In: Josef Speck (Hg.): Grundprobleme der großen Philosophen. Philosophie der Gegenwart II. Göttingen 1973, 146–180.

Baranzke, Heike: Tierethik, Tiernatur und Moralanthropologie im Kontext von § 17 Tugendlehre. In: Kant–Studien. 96. Jg. 2005, 336–363.

Baranzke, Heike: Wurde der Kreatur? Die Idee der Würde im Horizont der Bioethik. Würzburg 2002.

Baranzke, Heike: Würde der »Kreatur« und »Mitgeschdpflichkeit« – Indikatoren für einen bioethisch induzierten Paradigmenwechsel in Ethik und Recht? In: Monika Bobbert; Marcus Düwell; Kurt Jax (Hg.): Ethik – Umwelt – Recht. Tübingen/Basel 2003, 130–164.

Baranzke, Heike; Hedwig Lamberty–Zielinski: Lynn White und das dominium terrae (Gen 1, 28b). Ein Beitrag zu einer doppelten Wirkungsgeschichte. In: Biblische Notizen. H. 76. 1995, 32–61.

Birnbacher, Dieter: Dürfen wir Tiere töten? In: Ders.: Bioethik zwischen Natur und Interesse. Frankfurt am Main 2006, 222–247.

Brenner, Andreas (Hg.): Tiere beschreiben. Erlangen 2003.

Breuer, Georg: Der sogenannte Mensch. Was wir mit Tieren gemeinsam haben und was nicht. München 1981.

Burghardt, Gordon M.: Die Geschichte der Tierpsychologie, mit besonderer Berücksichtigung von England und Amerika. In: Roger Alfred Stamm (HgJ: Tierpsychologie. Weinheim/ Basel 1984, 14–22.

Carruthers, Peter: The Animals Issue. Cambridge 1992.

Carruthers, Peter: Animal Subjectivity. In: Psyche 4(3), April 1998, 1–7.

Carruthers, Peter: Suffering Without Subjectivity. In: Philosophical Studies 120. 2004, 1–22.

Caspar, Johannes: Tierschutz im Recht der modernen Industriegesellschaft. Eine rechtliche Neukonstruktion auf philosophischer und historischer Grundlage. Baden–Baden 1999.

Cavalieri, Paola; Peter Singer (HgJ: Menschenrechte für die Groften Menschenaffen. München 1994.

Cheney, Dorothy L.; Robert M. Seyfarth: Wie Affen die Welt sehen. Das Denken einer anderen Art. München/Wien 1994.

Cohen, Carl; Tom Regan: The Animal Rights Debate. Lanham / Boulder / New York / Oxford 2001.

Dawkins, Richard: Art. »Progress«. In: Evelyn Fox Keller; Elisabeth A. Loyd (Hg.): Keywords in Evolutionary Biology. Cambridge, Mass. / London 1992, 263–272.

Deely, John: Basics of Semiotics. Bloomington 1990.

Dierauer, Urs: Tier und Mensch im Denken der Antike. Studien zur Tierpsychologie, Anthropologie und Ethik. Amsterdam 1977.

Dierauer, Urs: Vegetarismus und Tierschonung in der griechisch–römischen Antike. In: Manuela Linnemann; Claudia Schorcht (Hg.): Vegetarismus. Zur Geschichte und Zukunft einer Lebensweise. Erlangen 2001, 9–72.

Dinzelbacher, Peter (Hg.): Mensch und Tier in der Geschichte Europas. Stuttgart 2000.

Gethmann, Carl Friedrich: Praktische Subjektivität und Spezies. In: Wolfram Hogrebe (Hg.): Subjektivität. München 1998, 125–145.

Gharpure, Narhar Kashinath: Tierschutz, Vegetarismus und Konfession. München 1935.

Godlovitch, Stanley; Roslind Godlovitch; John Harris (Hg.): Animals, Men and Morals. An Enquiry into the Maltreatment of Non–Humans. New York, N. Y. 1972.

Griffin, Donald R.: Wie Tiere denken. Ein Vorstoft ins Bewußttsein der Tiere. München 1985.

Grtinewald, Bernward: Natur und praktische Vernunft. In: Hans Werner Ingensiep; Kurt Jax (Hg.): Mensch, Umwelt und Philosophie. Bonn 1988, 95–106.

Guerrini, Anita: The Ethics of Animal Experimentation in Seventeenth–Century England. In: Journal of the History of Ideas 50. 1989, 391–407.

Hauskeller, Michael (Hg.): Ethik des Lebens. Albert Schweitzer als Philosoph. Zug/Schweiz 2006.

Heckmann, Herbert: Die andere Schöpfung. Geschichte der frühen Automaten in Wirklichkeit und Dichtung. Frankfurt am Main 1982.

Herrmann, Christoph S.; Michael Pauen; Jochem W. Rieger; Silke Schicktanz (Hg.): Bewusstsein. Philosophie, Neurowissenschaften, Ethik. München 2005.

Hoerster, Norbert: Haben Tiere eine Würde? Grundfragen der Tierethik. München 2004.

Hoffe, Otfried: Ethische Grenzen der Tierversuche. In: Ursula M. Händel (Hg.): Tierschutz. Testfall unserer Menschlichkeit. Frankfurt am Main 1984.

Ingensiep, Hans Werner; Eckart Voland; Paul Winkler: Evolution des Menschen 4: Evolution des Verhaltens – biologische und ethische Dimensionen. Tübingen 1990.

Ingensiep, Hans Werner: Pflanzenseele, Tierseele und Naturverständnis. Studien zur Philosophie und Geschichte der Lebenswissenschaften. Von Empedokles bis Fechner. Habilitationsschrift. Essen 1995.

Ingensiep, Hans Werner: Tierseele und tierethische Argumentation in der deutschen philosophischen Literatur des 18. Jahrhunderts. In: Internationale Zeitschrift für Geschichte und Ethik der Naturwissenschaften, Technik und Medizin (NTM) N. S. Bd. 4.

Nr. 2. 1996, 103–18.

Ingensiep, Hans Werner: Personalismus, Sentientismus, Biozentrismus – Grenzprobleme der nicht–menschlichen Bioethik. In: Theory Bioscience 116. 1997, 169–191.

Ingensiep, Hans Werner: Vegetarismus und Tierethik im 18. und 19. Jahrhundert – Wandel der Motive und Argumente der Wegbereiter. In: Manuela Linnemann; Claudia Schorcht (Hg.): Vegetarismus. Zur Geschichte und Zukunft einer Lebensweise. Erlangen 2001, 73–105.

Ingensiep, Hans Werner: Geschichte der Pflanzenseele. Philosophische und biologische Entwürfe von der Antike bis zur Gegenwart. Stuttgart 2001.

Ingensiep, Hans Werner: Expandierender Humanismus, Holismus und Evolution. In: Kristian Kochy; Martin Norwig (Hg.): Umwelt–Handeln. Zum Zusammenhang von Naturphilosophie und Umweltethik. Freiburg/München 2006, 49–68.

Joerden, Jan C.; Bodo Busch (Hg.): Tiere ohne Rechte? Berlin u. a. 1999.

Jonas, Hans: Organismus und Freiheit. Ansatze zu einer philosophischen Biologie. Göttingen 1973.

Kennedy, John S.: The New Anthropomorphism. Cambridge 1992.

Krauss, Werner: Zur Anthropologie des 18. Jahrhunderts. Frankfurt am Main, Berlin 1987.

Krebs, Angelika: Haben wir moralische Pflichten gegenüber Tieren? Das pathozentrische Argument in der Naturethik. In: Deutsche Zeitschrift für Philosophie 41. 1993, 995–1008.

Kunzmann, Peter: Die Würde des Tieres – zwischen Leerformel und Prinzip. München 2007.

Landmann, Michael: Das Tier in der jüdischen Weisung, Heidelberg 1959.

Lorenz, Konrad: Vergleichende Verhaltensforschung, München 1982.

Lorenz, Konrad; Franz M. Wuketits (Hg]: Die Evolution des Denkens. München 1983.

Lovejoy, Arthur O.: Die große Kette der Wesen. Geschichte eines Gedankens. Frankfurt am Main 1985.

Maehle, Andreas–Holger: Kritik und Verteidigung des Tierversuchs. Die Anfange der Diskussion im 17. und 18. Jahrhundert. Stuttgart 1992.

Maturana, Humberto R.: Erkennen. Die Organisation und Verkörperung von Wirklichkeit. Braunschweig 21985.

Münch, Paul (Hg.): Tiere und Menschen. Geschichte und Aktualität eines prekaren Verhältnisses. Paderborn 1998.

Nagel, Thomas: Wie fühlt es sich an, eine Fledermaus zu sein? In: Gebauer, Michael (Hg.): Letzte Fragen. Bodenheim bei Mainz. 1996, 229–249.

Naragon, Steve: Kant on Descartes and the Brute. In: Kant–Studien 81. 1990, 1–23.

Nash, Roderick Frazier: The Rights of Nature. A History of Environmental Ethics. Madison/Wisconsin/London 1989.

Nelson, Leonard: System der philosophischen Ethik und Pädagogik. Aus dem Nachlass hg. von Grete Hermann u. Minna Specht. Göttingen 21949.

Niewöhner, Friedrich; Jean–Loup Seban (Hg.): Die Seele der Tiere. Wolfenbütteler Forschungen. Bd. 94. Wiesbaden 2001.

Ott, Konrad: Das Tötungsproblem in der Tierethik der Gegenwart. In: Eve–Marie Engels (Hg.): Biologie und Ethik. Stuttgart 1999, 127–160.

Passmore, John: The Treatment of Animals. In: Journal of the History of Ideas 36. 1975, 195–218.

Patzig, Gunter: Okologische Ethik — innerhalb der Grenzen bloßer Vernunft. Göttingen 1983.

Patzig, Günter: Der wissenschaftliche Tierversuch unter ethischen Aspekten. Tierversuche und medizinische Ethik. In: Wolfgang Hardegg; Gert Preiser (Hg.): Beiträge zu einem Heidelberger Symposion. Hildesheim 1986, 68–103.

Plessner, Helmuth: Die Stufen des Organischen und der Mensch. Berlin/New York 31975.

Pritchard, Michael S.; Wade L. Robison: Justice and the Treatment of Animals. A Critique of Rawls. In: Environmental Ethics 3.1. 1981, 55–61.

Rachels, James: Created from Animals. The Moral Implications of Darwinism. Oxford 1990.

Radner, Daisie; Michael Radner: Animal Consciousness. Buffalo, N.Y. 1989.

Rawls, John: Eine Theorie der Gerechtigkeit. Frankfurt am Main 1979.

Regan, Tom: The Case for Animal Rights. Berkeley/Los Angeles, CA 2ed. 2004.

Regan, Tom; Peter Singer (Hg.): Animal Rights and Human Obligations. Englewood Cliffs, N.J. 1976.

Rothacker, Erich: Philosophische Anthropologie. Bonn 51982.

Rothschuh, Karl E.: Physiologie. Der Wandel ihrer Konzepte, Probleme und Methoden vom 16. bis. 20. Jahrhundert. Freiburg/München 1968.

Ryder, Richard: Painism. A Modern Morality. London 2001.

Ryle, Gilbert: The Concept of Mind. London 1949.

Schafer, Lothar: Das Bacon–Projekt. Von der Erkenntnis, Nutzung und Schonung der Natur. Frankfurt am Main 1999.

Scheier, Max: Wesen und Formen der Sympathie, Bonn 21923.

Singer, Brent A.: An Extension of Rawls, Theory of Justice to Environmental Ethics. In: Environmental Ethics 10.3.1988, 217–231.

Singer, Peter (Hg.): Verteidigt die Tiere. Überlegungen für eine neue Menschlichkeit. Wien 1986.

Singer, Peter: Befreiung der Tiere. Eine neue Ethik zur Behandlung der Tiere. München 1982.

Singer, Peter: Praktische Ethik. Stuttgart 21994.

Singer, Peter; Jim Mason: The Way We Eat. Why our Food Choices Matter. Emmaus, PA 2006.

Sorabji, Richard: Animal Minds and Human Morals. The Origins of the Western Debate. London 1993.

Sutter, Alex: Göttliche Maschinen. Die Automaten für Lebendiges. Frankfurt am Main 1988.

Thero, Daniel P.: Rawls and Environmental Ethics. In: Environmental Ethics 17.1.1995, 93–106.

Thies, Christian: Einführung in die philosophische Anthropologie. Darmstadt 2004.

Thomas, Keith: Man and the Natural World. A History of the Modern Sensibility. New York 1983.

Tomasello, Michael: Die kulturelle Entwicklung des menschlichen Denkens. Frankfurt am Main 2006.

Tooley, Michael: Abortion and Infanticide. In: Philosophy & Public Affairs 2.1.1972, 37–65 (erw. dt. Fassung in Anton Leist [Hg.]: Um Leben und Tod. Frankfurt am Main 1990,157–195).

Uexküll, Jakob von: Umwelt und Innenwelt der Tiere. Berlin 21921.

Uexküll, Jakob von: Theoretische Biologie. Frankfurt am Main 1973.

Uexküll, Jakob von; Georg Kriszat: Streifzüge durch die Umwelten von Tieren und Menschen. Berlin 1934.

Von der Pfordten, Dietmar: Ökologische Ethik. Zur Rechtfertigung menschlichen Verhaltens gegenüber der Natur. Reinbek 1996.

Warren, Mary Ann: Moral Status. Obligations to Persons and Other Living Things. Oxford 2ed. 2000.

Wiedenmann, Rainer E.: Protestantische Sekten, höfische Gesellschaft und Tierschutz. Eine vergleichende Untersuchung zu tierethischen Aspekten des Zivilisationsprozesses. In: Kölner Zeitschrift für Soziologie und Sozialpsychologie. 48. Jg. 1996, 35–65.

Wolf, Jean–Claude: Tierethik. Neue Perspektiven für Menschen und Tiere. Freiburg/Schweiz 1992.

Wolf, Ursula: Das Tier in der Moral. Frankfurt am Main 1990.

Wuketits, Franz M.: Die Entdeckung des Verhaltens. Eine Geschichte der Verhaltensforschung. Darmstadt 1995.

Zander, Helmut: Geschichte der Seelenwanderung in Europa. Alternative religiöse Traditionen von der Antike bis heute. Darmstadt 1999.

# 찾아보기

## 낱말 찾기

## 인명 찾기

## 역자 후기

　이 책은 역자가 하이데거1889~1976의 철학에서 등장하는 생명, 유기체, 동물에 대한 주제를 연구하면서 참조했던 유익했던 자료들 중의 하나이다. 그동안 동물에 관한 현대적 논의가 영미철학의 동물윤리 담론에 집중되어 있었다면, 이 책은 그러한 논쟁과 함께 그 배경이 되고 있는 동물에 대한 규정들을 철학사를 통해 주제별로 정리하고 있어 동물에 관한 연구에 많은 도움이 주고 있다. 나아가 이 책은 철학적 접근을 넘어 동물과 가까워지면서 동물에 대한 이해 및 동물보호와 복지에 대한 관심이 높아지고 있는 오늘날 일반인에게도 풍부한 식견을 제공해줄 것으로 기대된다.

　하이데거의 동물철학을 연구하면서 역자는 이 책에서 역사적으로 설명하고 있듯이 전통 철학에서 의인관을 중심으로 생명현상 및 동물이해를 비판하고, 인식적이고 가치적인 우열의 관점이 아니라 존재방식의 차이를 통해 인간과 동물을 대비하고 있다는 점에 집중하고 있다. 이와 관련하여 하이데거의 전집 29권 『형이상학의 근본개념들』1929/30년 겨울학기 강의록에서 생명현상을 형이상학적 목적론이나 근대의 기계론 및 생기설에서 설명하는 것에 반대하며 세계와 관련 맺는 존재자들의 존재방식의 차이를 다음과 같은 세 명제로 구별한다. "돌은 세계 없음Weltlosigkeit 속에 속한다." "동물은 세계빈곤Weltarmut 속에 존재한다." "인간은 세계형성Weltbilung 속에 존재한다." 무세계성, 세계빈곤, 세계형성은 존재자의 세 영역이 분류하는 기준이 된다. 여기에서 동물은 사물과 인간 사이에 있는 존재자로 규정된다.

흥미로운 것은 동물의 세계빈곤에 대해 이 책에서 "주체로서의 동물"이라는 규정을 가장 먼저 보여주는 윅스퀼을 비판적으로 끌어들이고 있다는 점이다. 이 책에서 자세하게 설명하고 있는 것처럼 윅스퀼은 기존의 동물에 대한 규정과 다르게 동물이 수동적으로 환경세계에 적응할 뿐만 아니라 주체적으로 자기세계를 만들 수 있다고 보았다. 그러나 하이데거는 동물의 자기세계는 인간의 자기세계와는 엄격히 다르다는 것을 통해 그 차이를 설명한다. 인간은 세계 전체에 대한 개방적 태도를 가질 뿐만 아니라 사물을 의미맥락 속에서 이해한다는 것이다. 반면 동물은 주위환경에 붙잡혀 있음으로 인해 다른 존재자와의 가능적 관계를 맺는 개방성이 결여되어 있다고 본다. 예를 들어, 도마뱀이 따뜻한 바위에 엎드려 있다고 해서 태양과의 의미연관성을 가지는 것은 아니다. 이러한 동물과 세계연관의 파악에 대한 하이데거와 윅스퀼의 논쟁은 동물이해에서 중요한 의미를 갖는다.

그러나 존재방식의 차이에 대한 하이데거의 동물이해에 대해 현대 철학자 데리다1930~2004와 아감벤1942~현재은 강하게 비판한다. 데리다는 하이데거가 전통적인 인간중심주의로부터 벗어나 있지만 은연중에 인간의 정신적 힘을 강조하고 있다는 것을 지적하며 나치즘을 염두에 두고 독일철학에 담긴 전체주의적 경향을 비판한다. 아감벤은 하이데거의 동물철학 속에 인간과 동물을 기능적 능력에 따라 구별하는 전통적인 '인간학적 기제'가 놓여있음을 지적하고, 이는 종족중심주의, 인종주의로 나아갈 수 있다고 비판한다. 이러한 논의는 이 책에서 전통적인 동물이해를 비판하는 현대 동물권 및 동물해방을 주장하는 동물윤리학자의 입장과 연결된다. 그러나 이러한 입장은 인간과 동물의 존재방식을 감각주의와 공리주의라는 인식적 가치적 관점에서 규정하고 거기에서 나타나는 차이를 좁혀 윤리적 평등성을 주장하고 있다.

　역자는 하이데거의 관점에서 모든 존재자가 저마다 고유한 존재방식의 차이를 가지며 그 차이를 인정하는 윤리적 실천이 필요함을 강조하려고 한다. 대지에 뿌리를 내리고 햇빛을 받으며 하늘 위로 쏟은 떡갈나무와 거기에 둥지를 틀고 사는 새들과 그 아래 시원한 그늘을 즐기는 인간이 각기 고유한 존재방식으로 화동하는 세계이해 속에서 동물의 위상을 생각할 수 있다. 이를 위해 인간은 자기중심적인 태도를 버리고 자연의 소리에 귀를 기울이는 자제함과 초연함의 태도를 가져야 한다. 이러한 태도에서 인간은 자신과 관계 맺고 있는 동물을 포함한 모든 존재자를 어떤 용도성이 아니라 더불어 빚지고 있는 깊은 신뢰성 속에 존재하는 자로 자리매김할 수 있을 것이다.

이 책을 번역하고 다듬는 동안 세계는 코로나19 신종감염병으로 엄청난 희생을 겪고 있으며 사회적 혼란과 불안 속에 휩싸여 있다. 이 감염병은 신종이기는 하지만, 사실상 이전에 있었던 사스, 메르스, 에볼라, 조류독감처럼 동물과 인간의 관계에서 발생하는 인수공통감염병이다. 다시 말해 이러한 감염병은 근본적으로 이전과 조건이 다른 현대의 인간과 동물이 맺는 관계의 변화로부터 발생한 것으로 볼 수 있다. 서부 아프리카의 산림지역이 개발되면서 그 지역에 에볼라가 많이 발생한 것처럼 인간 중심적인 환경개발과 축산방식은 결국 인간과 동물이 함께 거주하는 자연환경을 왜곡시키고 동물에게 위해를 가하게 되며 그러한 관계는 결국 동물에게는 물론 인간에게도 치명적인 파국을 초래할 수 있다. 이럴수록 동물과 인간의 존재방식의 차이를 인정하며 그에 맞는 삶의 환경과 조건을 살피는 존재론적 배려가 요구된다. 이 책을 통해 많은 독자들이 기술 과학 시대에 모든 존재자를 기술적 대상, 특히 동물을 먹거리와 실험 및 향유의 대상으로 보는 용도와 기능의 관점에서가 아니라 자연의 질서에서 존재자가 저마다 가지는 고유한 존재론적 위상을 통해 인간과 동물의 관계를 새롭게 정립할 수 있는 계기가 되고, 나아가 생명철학, 동물철학 및 동물윤리 담론을 위한 발전적인 자료로 사용될 수 있기를 기대한다.

끝으로 출판을 위해 수고해주신 파라북스 김태화 사장님과 몇 번이고 세심하게 교정을 해주신 전지영 선생님께 감사를 드린다.